新版
電話応対&敬語・話し方のジネスマナー

尾形圭子 監修

西東社

新版

電話応対&敬語・話し方のビジネスマナー

Part 1 電話応対の基本

Part 2 電話を受ける

Part 3

電話をかける

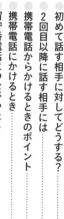

Part 4

電話トラブルの解決法

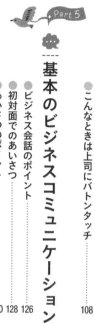

Part 5

基本のビジネスコミュニケーション

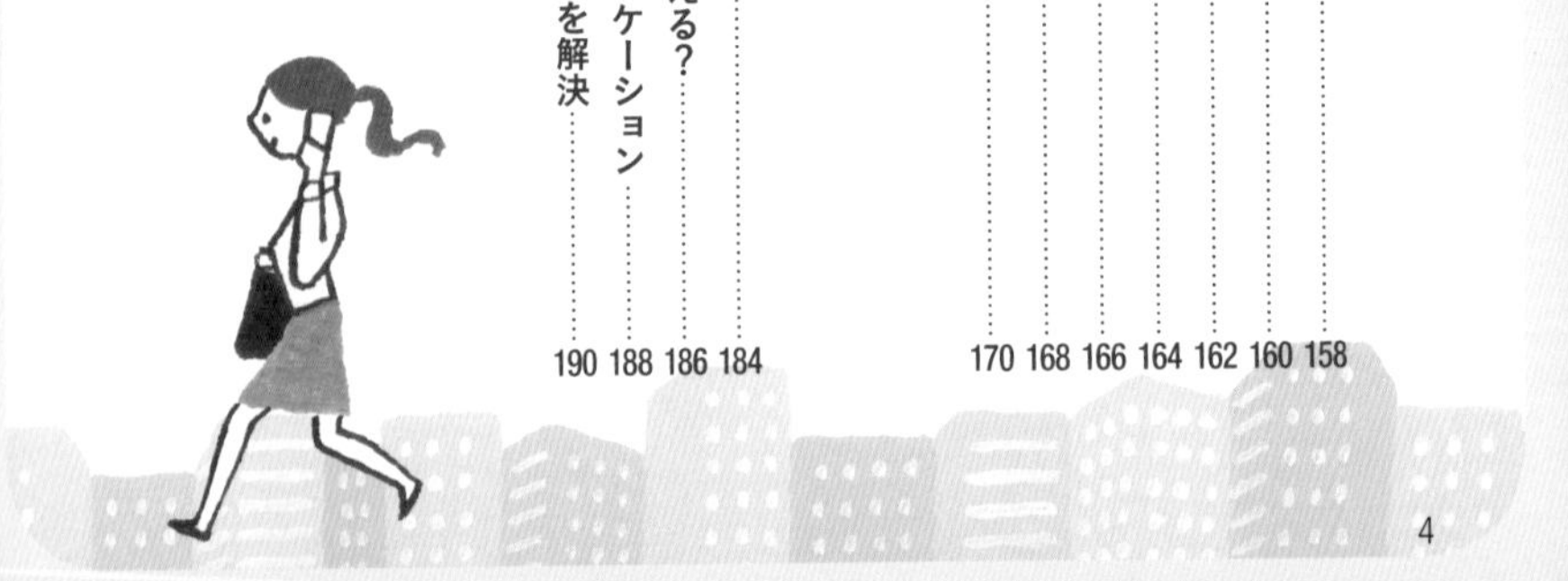

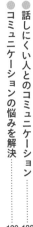

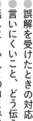

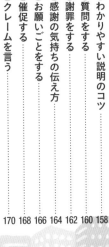

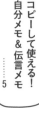

Company Data

社名：

住所：〒

Tel （直通）：

（内線）：

（代表）：

Fax：

Mail：

HP：

最寄り駅：

Message
電話連絡メモ

Day　／
Time　：

受信者

To　様　From　様より

☐ もう一度電話をします
☐ 折り返し電話をください（Tel：　）
☐ 電話があったことを伝えてほしいとのことです
☐ メールを送るとのことです
☐ 下記伝言を預かりました

Message
電話連絡メモ

Day　／
Time　：

受信者

To　様　From　様より

☐ もう一度電話をします
☐ 折り返し電話をください（Tel：　）
☐ 電話があったことを伝えてほしいとのことです
☐ メールを送るとのことです
☐ 下記伝言を預かりました

Part 1

電話応対の基本

電話応対は声と言葉のみのコミュニケーション。
電話で好感を持たれる話し方、要領を得た会話は、簡単なようでいて難しいものです。
まずはビジネス電話の基本と敬語をマスターしましょう。

電話応対の4つの基本

会社での電話応対は、個人の対応がそのまま会社の評価につながる大事なビジネスシーンです。まずは、電話応対に必要な4つのポイントをおさえておきましょう。

1 正確に

身ぶりや表情でも伝わる対面での話と違い、電話では「声だけ」が頼り。対面なら聞き間違えることのないような事柄も、聞き間違いや勘違いが起きがちです。

単に復唱するだけではなく、間違いやすい言葉は別の言葉に言い換えて確認するなど配慮します。あいまいな言い回しや不確かな内容もNGです。

POINT

電話応対では声だけで第一印象が決まる

電話応対の場合、声と話す内容だけでその人の第一印象が決まってしまいます。そのため話すスピードが速いなどちょっとしたことでも、悪い印象を持たれてしまうことが少なくありません。このことからも、電話マナーをしっかりと学ぶ必要があるとわかります。

❷ 簡潔に

　こちらから電話をかける場合は、あらかじめ話を整理して伝えたいポイントを明確にしておきます。話す順番は、最初に結論、次に理由を一つずつ話し、最後に再び結論という流れで。

　5W3H（▶P54）を意識しておくと、伝えもれが防げるのでオススメ。早口はよくありませんが、無駄に話が長引くのもダメ。

❸ 迅速に

　電話口で待っている時間は、実際の時間よりも長く感じやすいもの。お客様からの電話を取り次ぐときは、お待たせするのは30秒までが原則です。

　「少々お待ちください」から30秒以上かかりそうなら、折り返しかけることを提案しましょう。相手からかかってきた電話は特に注意します。

❹ にこやかな表情で

　電話では相手側に声しか聞こえず、表情まで知られることはありません。でもせっかくなら目の前にいる気分で、にこやかな表情で電話に出ましょう。

　にこやかな笑顔からは明るい声が出ますし、明るい声からは笑顔が目に浮かびます。言葉遣い、声の抑揚など、好感をもたらす声は、笑顔あってのものです。

緊張をやわらげる、あがらないようにするには

電話応対に慣れていないと緊張してたどたどしい話し方になってしまうもの。まずは基本の対処法をおさえ、心にゆとりをつくることから始めましょう。

① 基本の応対をマスターする

敬語などの言葉遣いや、電話での定型の会話、電話機の使い方など、基本的な応対ができるようになることで、おどおどしたり不安になったりすることはなくなります。

敬語の基本 ▶▶p16
電話の受け方 ▶▶p32
電話の取り次ぎ方 ▶▶p38
電話のかけ方 ▶▶p68

② 名前を覚える

社内の人は、部署、役職、名前を覚えておきましょう。同姓の人がいるときはフルネームで覚えます。取引先や担当者の部署、役職、名前も覚えておくと、聞き間違いなどが防げます。

③ 最低限聞くことを決めておく

電話を受けるときは、最低限聞くことを決めておきましょう。相手の名前や取り次ぐ人の名前、用件、連絡先などを聞きもらさないように常に意識しておくと、どんなときでも落ち着いて応対ができます。

4 出る前に深呼吸を

息を吸ったままの状態だと、どうしても早口になります。深呼吸をして、息を吐ききった状態で電話口に出ましょう。また、グーとパーの形を交互につくる動きをすると、緊張がやわらぐといわれます。

スー
ハー

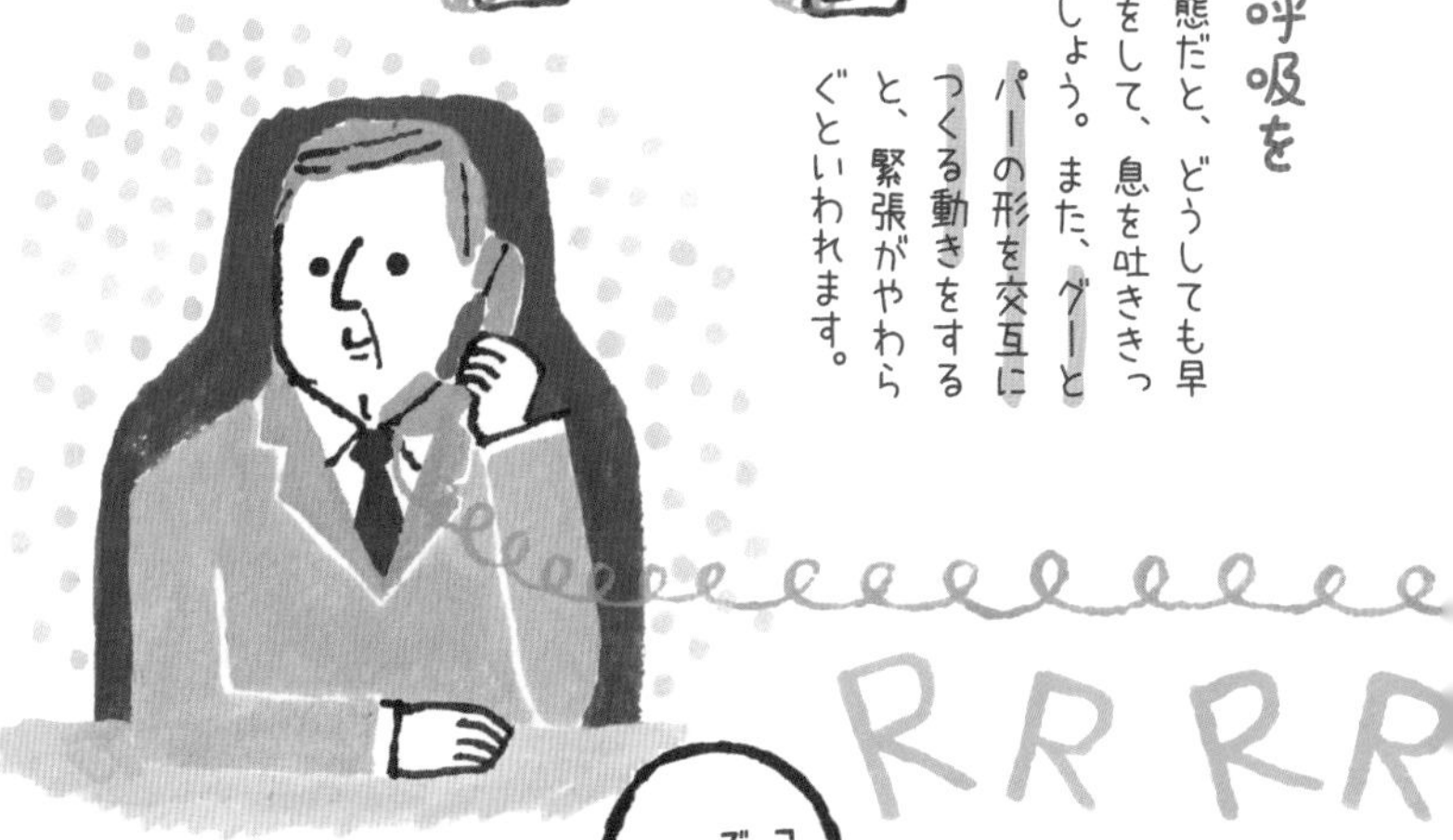
RRRR

5 とにかく電話に慣れる

まずは実践！ とにかく電話に出る回数をこなしていくことです。場数をふむことで、さまざまなケースを経験できます。その経験こそが、緊張をほぐすための処方箋です。

「お電話ありがとうございます。〇〇商事山田でございます」
“大きな声で思い切って！”

6 自社の業務内容を知る

会社の業務内容などは即答できるように覚えておきましょう。会社の基本情報がすらすら答えられると電話相手からの信頼度も上がります。「少々のことは聞かれてこわくない」という自信が、落ち着きの元です。

正しい電話のスタイルとは？

❶ 背筋を伸ばす

相手に見えないとはいえ、姿勢は声に表れます。いすにもたれずに背筋を伸ばすとおなかに力が入り、声がよく通ります。同時に自然とあごを引くことになり、声のトーンも安定し、好感度もアップします。

❷ 左手に受話器

基本的に受話器を持つのは、利き手の反対側の手。電話機の機種と声の大きさによりますが、受話器を口から10センチ程度離した位置で持つと、程よく声が響きます。

❸ 利き手には筆記具

利き手でメモを取る体勢で電話に出るのが基本。大切な事柄は電話中に常にメモができるようにしておきましょう。

POINT

会社の電話の基本機能を知っておこう

会社で使う電話機は、家庭用の電話機とは異なる機能があります。オフィスによって機種も違いますので、基本的な機能を確認しておくのが鉄則です。

保留……回線を切らないままで、相手に待ってもらう

転送……回線を切らずに、他の電話に回線を切り替える

応答……外線や内線に出る

発信……電話をかける

声でわかる、あなたの姿勢

相手に見えないからと肘をついたり、頬づえをついたり、足を組んで話したりすると、声が低くなったり、出にくくなったりします。声を通してあなたの姿も見えているのをお忘れなく！

電話しながらおじぎをする

電話をかけながら、おじぎをしている人がいますが、このようなていねいな態度や姿勢は声や話し方にも表れます。相手にも気持ちが伝わっているはずです。

4 メモや資料をそろえて！

電話を受けてからメモ用紙や関連資料を探していたのでは、相手に失礼です。すぐにメモや資料を手にできるようにデスク周りを整理しておきましょう。

好感を持ってもらうための話し方とは？

第一声は明るく！

なにごとも第一印象が大事。特に電話を受ける最初の声は意識して明るくさわやかに話すことで、好感度がアップ！

声のトーンを、普段よりも上げるだけで、十分明るくなります。

ハキハキとした口調で

モゴモゴとした声は聞き取りにくいだけでなく、聞いている人の気分を害してしまいます。

言葉が不明瞭になったり、会話の内容が正確に伝わらなかったりするので、ハキハキとした口調を心がけましょう。

心もち大きめの声で

電話で話すときは、実際の会話のときよりも少し大きめの声を意識。ただし、電話機の性能や話す環境にもよりますので、話をしながら、声の大きさを調整します。

強弱をつけた話し方で

話の内容に合わせて声の勢いに強弱をつけたり、話す速さを調整したりして、メリハリをつけましょう。

もちろん「弱」でも、単語が聞きとれるように、はっきりと発音することを忘れずに。

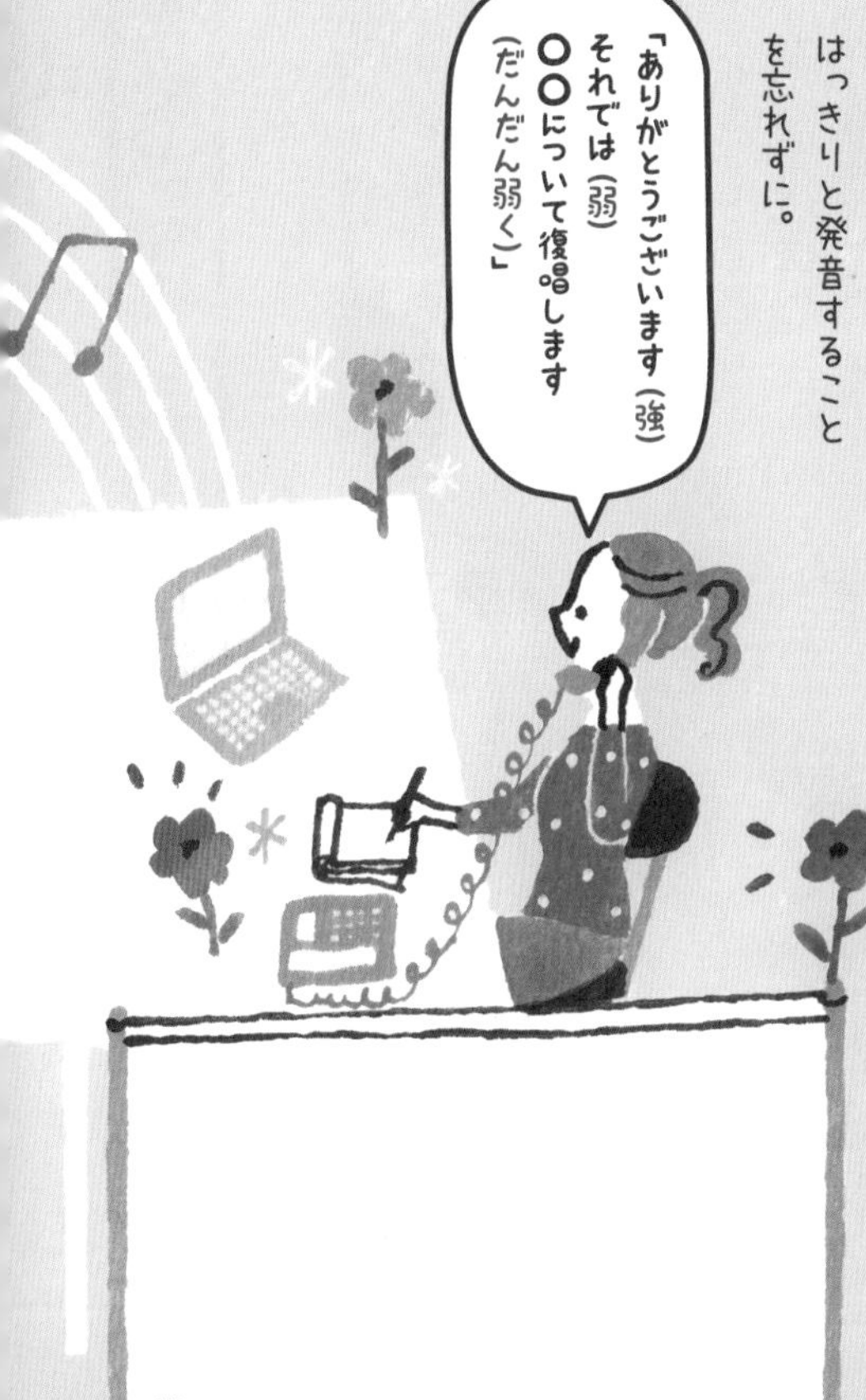
「ありがとうございます（強）
それでは（弱）
〇〇について復唱します
（だんだん弱く）」

POINT

相手に合わせたスピードで

電話での早口な対応は、事務的で誠意のない印象を持たれてしまいます。基本は、相手の話す速度に合わせた速さで話すこと。急いでいる人にはてきぱきと、ゆっくり話す人にはゆっくりと話します。電話応対の話す速度の目安は1分間に350字。実際に、350文字の文章を1分間で読んでみると、ほどよい速さがわかります。

敬語の基本パターン4つ

敬語はビジネスの必須スキルですが、苦手意識を持つ人も多くいます。確かに敬語は複雑ですが、ルールさえ覚えていれば、意外と理解しやすいものです。

① 尊敬語〈目上をたてる〉

目上の人に対し、相手の動作や状況を高めて表現することで敬意を示すのが尊敬語です。尊敬語は尊敬の度合い（敬度）によってレベルは3段階。

敬度低 → 高

基本パターン

■動詞＋「れる」「られる」
聞く▼▼聞かれる
行く▼▼行かれる
話す▼▼話される

■「お（ご）」＋「になる」「なさる」
聞く▼▼お聞きになる
食べる▼▼お食べになる
話す▼▼お話しになる

■特定の言葉に置き換え
食べる▼▼召し上がる
行く▼▼いらっしゃる
話す▼▼おっしゃる

電話での使い分けの例
「○○部長は△△とお聞きになったそうです」
尊敬語
「○○部長から△△とおうかがいしております」
謙譲語

② 謙譲語〈自分がへりくだる〉

目上の人に対し、自分や身内の動作や状況をへりくだる表現が謙譲語です。

同じ意味でも敬度によって表現が異なります。高い順から、①「会う」を「お目にかかる」というように特定の言葉に置き換える表現、②「お(ご)＋させていただく」、③「お(ご)＋する・いたす」となります。

基本パターン

敬度低 → 高

■お(ご)＋動詞＋する・いたす

聞く▼▼お聞きします（いたします）

電話する▼▼お電話します（いたします）

■お(ご)＋動詞＋させていただく

聞く▼▼聞かせていただきます

電話する▼▼お電話させていただきます

■特定の言葉に置き換え

聞く▼▼うかがいます・拝聴いたします

見る▼▼拝見します（いたします）

③ ていねい語

語尾を「です」「ます」「ございます」のようなていねいな印象の語句にする敬語です。

基本パターン

これから準備をする▼▼これから準備をします

わたしは山田です▼▼わたしは山田でございます

④ 美化語

名詞に「お」や「ご」をつけたり、「めし」を「お食事」というように感じのいい語句に置き換えたりして、上品な印象を与える表現。外来語や動植物は美化語にはしません。

基本パターン

■「ご」をつける

連絡▼▼ご連絡

記入▼▼ご記入

■「お」をつける

気遣い▼▼お気遣い

知らせ▼▼お知らせ

■言い換え

うまい▼▼おいしい

敬語変換一覧表

	尊敬語	謙譲語	ていねい語
行く	行かれる、いらっしゃる、おいでになる	うかがう、参る	行きます
来る	来られる、見える、お越しになる、おいでになる、お見えになる、いらっしゃる	参る、うかがう、おうかがいする	来ます
する	される、なさる	いたす	します
いる	いらっしゃる、おいでになる	おる	います
見る	見られる、ご覧になる	拝見する	見ます
言う	言われる、おっしゃる	申し上げる、申す	言います

会う	会われる、お会いになる	お会いする、お目にかかる	会います
知る	ご存じ	存じ上げる、存じる	知っています
思う	思われる、お思いになる	存じる	思います
食べる	召し上がる、お召し上がりになる	いただく	食べます
尋ねる	お尋ねになる	お尋ねする、うかがう、おうかがいする	尋ねます
借りる	お借りになる	お借りする、拝借する	借ります
聞く	聞かれる、お聞きになる	うかがう、お聞きする、おうかがいする、拝聴する	聞きます
読む	読まれる、お読みになる	拝読する	読みます

立場に合わせた敬語の使い分け

相手が社外の人かどうかにかかわらず、相手のことは尊敬語、自分のことは謙譲語を使うのが原則です。

同僚に対して

節度のある会話

親しき中にも礼儀あり。ていねい語や美化語（▶▶P17）を使い、相手を尊重しましょう。職場でのくだけすぎた会話を不快に思う人もいるので要注意。

上司に対して

常に敬語

「～してよろしいですか」「うかがいます」など、常に敬語を使います。さらに、役職や立場に応じて尊敬語や謙譲語のレベル（▶▶P16）を使い分けられれば完璧。

社外の人に自社の人のことを伝えるとき
＝
自社の人のことは謙譲語

社外の人に対しては、たとえ上司のことであろうとへりくだった謙譲語を使います。最初はちょっと違和感を感じるかもしれませんが、敬称もつけません。また、社内の人に身内のことを伝えるときは、社外に対する場合ほどへりくだる必要はありません。

To 社外

○「弊社の田中がそう申しておりました」

×「田中部長がそうおっしゃっていました」

To 社内

○「田中部長がそう言われていました」

取引先に対して

常に敬語

社外の人に対しては、相手の行動は尊敬語、相手に対する自分の行動や状況は謙譲語というように、すべてに敬語を使うのが基本です。なるべくていねいな印象を心がけます。

敬称の使い分け

相手を呼ぶときに、「さん」「様」など名前の後につける言葉を「敬称」といいます。役職者は名前の後に役職をつけて「〇〇部長」などと呼びましょう。

上司に対して

「〇〇 ＋役職」

役職がある上司への呼びかけは「名前＋役職」。役職がない上司に対しては「さん」をつけます。社外に向けては「部長の〇〇」というように「役職＋名前」。

部下に対して

「〇〇さん」

部下に対しては「さん」を。たとえ、社内の会話でも誰が聞いているかわかりません。呼び捨ては極力さけましょう。

自分をさすときは
「わたし」「わたくし」

自分の会社は
「弊社」「わたしども」

自分のことを「〇子は…」というように名前で呼んだり、「ぼく」というのはダメ。

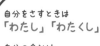

POINT

第三者にも敬称をつける

その場にいない第三者にも「さん」と敬称をつけましょう。どんな場合、どんな人に対しても、ていねいな会社という印象を持ってもらうように意識しましょう。

NG

社外の役職者を「部長の〇〇様」と呼ぶ

役職のある社外の人に電話をする場合に、「部長の〇〇様」と呼ぶのはNG。この場合は、「広報部の〇〇部長」「〇〇部長」が正解。

同僚に対して

「〇〇さん」

名前＋「さん」が基本。社外の人に対して同僚のことを話すときは敬称不要。

相手の会社に対して

「御社」

相手の会社をさすときには、「御社」。「貴社」はメール・文書で。社員には「様」や「役職」をつけて呼びます。「お宅の会社」などのくだけた言い回しはNGです。

社外の人に対して

「〇〇様」「〇〇＋役職」「お連れ様」

役職がない人には「〇〇様」、役職があれば「〇〇＋役職」。名前がわからない人がいる場合には「お連れ様」と呼びかければ大丈夫。

ありがちなNG敬語はこれ！

❶ 二重敬語

一つの動作に敬語は一つが基本。ていねいさを意識するあまり、敬語に敬語を重ねてしまう二重敬語は代表的なNG例です。

× 「お帰りになられる」
（お帰りになる＋られる）

○ 「お帰りになる」

❷ 尊敬語と謙譲語の混合

自分がへりくだるべき謙譲語を、相手の動作や状態を表すときに使ってしまったり、自分の行動に対して尊敬語を使ってしまったりすると、おかしな会話になってしまいます。

× 「後ほど拝見してください」

○ 「後ほどご覧になってください」

❸ 「〜のかたち」というぼやかした表現

現状や予定を説明するときに「かたち」という表現を使いがちですが、もちろん間違いです。ビジネスシーンでぼやかし表現は禁物。ストレートに物事を伝えることが求められます。

× 「本日おうかがいするかたちになっていますが〜」

○ 「本日おうかがいいたしますが〜」

④ 敬度のバランスが悪い

敬語は、同じ動作を表す言い回しが複数あり、敬度によって使い分けます（▼P16）。たとえば「来る」は、敬度の高い順から「いらっしゃる」「お見えになる」「見える」「来られる」と同じ意味の言葉が複数あります。

✕ 「営業部の〇〇さんがもういらっしゃいますが、社長はまだ見えていません」

○ 「営業部の〇〇さんはもう見えていますが、社長はまだいらっしゃっていません」

⑤ 「さ」入れ、「ら」抜け言葉

動詞の中に意味のない「さ」が入ったり、本来入るべき「ら」が抜けていたりするのはありがちなNG例。

✕ 「読まさせていただきます」

○ 「読ませていただきます」

✕ 「当日見れます」

○ 「当日見られます」

⑥ 外来語の前につく「お」「ご」

ていねい語では、名詞の前に「お」や「ご」をつけるパターンがありますが、外来語の前には原則つけません。

✕ おライス、おメール、ごランチ

⑦ 過去形で確認をとる

敬意を少しでも多く表明したいあまり、過去形で表現してしまう人が多く見受けられます。「いまのこと」を聞きたいのだから、言葉としては正しくありません。

✕ 「これでよろしかったでしょうか？」

○ 「これでよろしいでしょうか？」

⑧ 「〜のほう」という言い回し

ていねいにするためによく使われがちな「ほう」という言い回しですが、「ほう」とは方角と選択肢が二つ以上ある場合に使うものなので間違いです。

✕ 「企画書のほう、お持ちしました」

○ 「企画書をお持ちしました」

覚えておきたい敬意表現

尊敬の気持ちを伝える敬意表現。相手への配慮が求められるビジネスシーンでは頻繁に使用されます。

クッション言葉でやわらかい印象に

相手に対してネガティブな提案をしたり、断ったりするときに、後に続く言葉をやわらげる効果を持つのがクッション言葉。「恐れ入りますが」というような一言があるだけで、受け手の気持ちもなごみます。

クッション言葉例

「失礼ですが」

「申し訳ございませんが」

「お手数をおかけいたしますが」

相手に配慮した一言をちょい足し

その場に合わせて「どうぞ」や、「ご心中お察しします」などの一言をプラスするのも、敬意表現の一つ。敬語は使っていませんが、相手の立場や気持ちを気遣う言葉は、敬意表現の原点です。

「どうぞ、お先にお通りください」

×
否定形
「…できません！」
◎
肯定形
「…いたしかねます」

否定形はさけて肯定形に言い換える

ストレートに「NO」と言われると、どうしてもきつい印象になります。同じ内容でもなるべく肯定形に言い換えましょう。

言葉の前にクッション言葉を入れたり、理由や代替案を加えたりすると、より納得してもらいやすくなります。

「おさしつかえなければ」

「もしよろしければ」

「ご足労をおかけいたしますが」

「勝手を申しまして恐縮ですが」

【シーン別クッション言葉の使い方】

お願いパターン

手間や時間をとらせてしまうとき

「お手数をおかけいたしますが、明日、資料をお持ちいただけますでしょうか」

「恐れ入りますが、こちらに記入していただけますでしょうか」

出向いてもらうとき

「ご足労をおかけいたしますが、弊社までお越しいただけますでしょうか」

急な依頼をするとき

「突然のお願いで恐縮ですが、どうぞよろしくお願いいたします」

「急に無理を申しますが、ご対応いただけましたら幸いです」

こちらの都合を優先してもらうとき

「こちらの都合で申し訳ございませんが、日時を変更させていただけないでしょうか」

「勝手を申しまして恐縮ではございますが、どうかご検討いただきますようお願いいたします」

何度もお願いするとき

「たびたびお手数をおかけして申し訳ございませんが、再度ご確認いただいてもよろしいでしょうか」

「重ね重ねのご連絡で誠に申し訳ございませんが、何卒ご協力をお願いいたします」

提案・援助を申し出たいとき

「もしよろしければ、こちらをお使いください」

お断りパターン

依頼や誘いを断るとき

「せっかくお声をかけていただいたのですが、
仕事が立て込んでおりまして、
〇日以降ではいかがでしょうか」

「大変残念ですが、
またの機会にぜひお願いいたします」

「身に余るお話ですが、
私がお引き受けするとかえってご迷惑を
おかけしてしまうため、
今回は遠慮させていただきます」

依頼や誘いを断る前に、まずはお礼を言うこと。可能なら代替案を提案し、次の機会につなげる姿勢を。

申し訳ない気持ちを強調したいとき

「大変心苦しいのですが、
お受けすることが難しい状況でございます」

POINT

「恐れ入りますが」と「申し訳ございませんが」の違い

どちらも相手への配慮を表すクッション言葉ですが、「恐れ入りますが」は自分を下げ、相手を敬う気持ちを含むのに対し、「申し訳ございませんが」は謝罪の気持ちを含みます。「申し訳ございませんが」は多用すると重く感じるので、ここぞというときに心を込めて使うのがポイント。

事前チェック！ よくある言い回しのNG

依頼やお願いをされた

✕ この案件を
うけたまわらせていただきます

↳ この案件をうけたまわります

二重敬語になっている、間違った表現です。

上司とのワンシーン

✕ 先日提出いたしました書類は、
ご覧になられましたでしょうか？

↳ 先日提出いたしました書類は、
ご覧いただけましたでしょうか？

「ご～なる」「られる」の二重敬語です。

電話を受けたとき

✕ どちら様ですか？

↳ 失礼ですが、
お名前をお聞かせいただけますか？

「あなたは誰？」という失礼な聞き方です。

取り次ぎのとき

✕ 山田はいません

↳ 申し訳ございませんが、
山田はただいま席を外しております

敬語になっていません。

接客対応のとき

✕ コーヒーと紅茶、
どちらにいたしますか？

↳ コーヒーと紅茶、
どちらがよろしいでしょうか？

「いたします」は謙譲語です。

✕ あちらの窓口で
うかがってください

↳ あちらの窓口でお尋ねください

「うかがう」は謙譲語です。

サインをもらうとき

✕ こちらにお願いします

↳ お手数をおかけいたしますが、
こちらにご記入ください

クッション言葉で
やわらかい印象にしましょう。

お土産をわたす

✕ おいしいので、
ぜひいただいてください

↳ おいしいので、
ぜひ召しあがってください

「いただく」は謙譲語です。

Part 2

電話を受ける

電話は顔が見えず最初は
ドキドキするものです。

会社の顔として、「電話を受ける」

「電話を取り次ぐ」「伝言を預かる」

「問い合わせに応える」

基本の応対を知っておけば安心です。

電話を受けるときの流れ

1. 電話に出る
2. あいさつをして会社名と自分の名前を名乗る
3. 相手の会社名、名前、用件を確認
4. 要望に合わせた応対
   - 取り次ぎの場合▼▼P38
   - 問い合わせの場合▼▼P60
5. あいさつをして電話を切る

3コール以内に
電話に出るのが
基本です。
1 2 3

----電話応対の例----

私

「お電話ありがとうございます。
○○社○○部　○○でございます」

相手

「お世話になっております。わたくし、
△△社△△部　△△と申します」

私

「△△社△△部　△△様ですね。
こちらこそお世話になっております」

取り次ぎ

「××様は
いらっしゃい
ますか」

応対方法▶▶P38

問い合わせ

「～について
聞きたいのですが、
担当の方は
いらっしゃいますか」

応対方法▶▶P60

----電話を切るとき----

私

「本日は、○○部○○が
うけたまわりました。
お電話ありがとう
ございました」

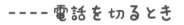

電話でよく使う基本フレーズ

電話に出る

「お電話ありがとうございます」

NG 「もしもし……」

あいさつ

「いつもお世話になっております」

NG 「お世話様です」

待たせたら

「(大変)お待たせいたしました」

NG お詫びの言葉を入れずに本題に入る

POINT

ていねいな言葉遣いのコツ

簡単に、よりていねいな言葉遣いに話せるコツがあります。まず、「かしこまりました」などの一言を加え、「お○○いたします」の○○の部分に動作を入れるとていねい感がアップします。

例

「かしこまりました、お調べいたします」

「かしこまりました、おうかがいいたします」

聞き取れないとき

「申し訳ございませんが、お電話が遠いようですので、もう一度お願いできますでしょうか」

NG「すみません、もう一度お願いします」

電話番号をたずねる

「恐れ入りますが、お電話番号をお聞かせいただけますでしょうか」

NG「電話番号をいただけますか」

了承するとき

「かしこまりました」「承知いたしました」

NG「わかりました」「了解しました」

かけ直すとき

「申し訳ございませんが、こちらからお電話をかけ直してもよろしいでしょうか」

NG「こちらから折り返します」

電話を切るとき

「それではよろしくお願いします」「本日はお電話ありがとうございました」
＋
「失礼いたします」

NG「はい、ありがとうございます」

他の人にかわるとき

「ただいま担当の者にお取り次ぎいたします」

NG「担当に回しますのでお待ちください」

電話に出るとき、電話を切るときのポイント

電話に出る

「お電話ありがとうございます
○○社○○部
山下でございます」

ビジネス電話の第一声はとても重要

まずは明るくさわやかにあいさつ、そしてはっきりと名乗ります。午前の早い時間なら、「お電話ありがとうございます」のかわりに「おはようございます」というあいさつも、好印象です。

3コール以内に出るのが基本

相手が気分よく待てるのは3コールまで。やむをえず待たせてしまったら、まず「お待たせいたしました」とお詫びをしてから応対します。

電話を切る

「それではよろしくお願いいたします」

もしくは

「本日はありがとうございました」

とあいさつをし、

「失礼いたします」

と電話を切ります。

受話器を置くときはそっとやさしく

ガチャンと受話器を置く音はもちろんですが、指で押して切る音も相手には大きな音に聞こえるもの。最近の電話機は性能がよく、受話器を置く瞬間まで周囲の音を拾いますので、受話器を離した瞬間のため息なども要注意です。

受話器を置くまで気を抜かない

ビジネス電話はかけたほうが先に切るのが基本原則です。ただし相手が目上、またはお客様の場合は、かけたほうではなく、相手が切ったのを確認してから受話器を置くほうが無難です。

電話の取り次ぎの流れ

1 電話に出てあいさつする

2 名指し人の名前を確認

3 名指し人に取り次ぐ

● 名指し人が在席

4 電話を切る

● 名指し人が不在

▶▶P40～43

4 状況に合わせて対応

5 あいさつをして電話を切る

POINT

「少々お待ちください」の「少々」はどれくらい？

ズバリ30秒です。電話口で待たされている時間というものは、こちらが思っているよりも長く感じるもの。ビジネスではタイムイズマネー。30秒以上お待たせしてしまうようなら、折り返しかけることを提案します。

---- 電話応対の例 ----

私

「お電話ありがとうございます。
○○社○○部　○○でございます」

相手

「お世話になっております。
わたくし△△社△△部　△△と申します。××様はいらっしゃいますか」

私

「△△社△△部△△様、こちらこそお世話になっております。××でございますね。ただいまお取り次ぎいたしますので、少々お待ちくださいませ」

保留ボタンを押し　→　内線コール

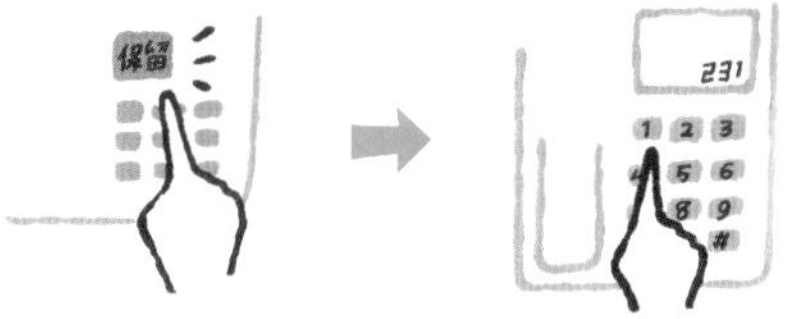

— 名指し人が不在の場合 —

私

「△△様、お待たせいたしました。申し訳ございません。××はただいま席を外しております。3時には戻る予定になっておりますので、戻り次第お電話させていただきますが、いかがいたしましょうか」

相手

「それではお願いいたします」

私

相手の電話番号、社名、名前を確認します。

「○○部○○がうけたまわりました。
お電話ありがとうございました。失礼いたします」

取り次ぎいろいろ　ケーススタディ

プルルルル……
ガチャ
お電話ありがとうございます 南海社営業部 西村でございます
ケース1
名指し人が会議中
AB商事の田中です 営業部の山田様をお願いします
AB商事の田中様でいらっしゃいますね いつもお世話になっております 申し訳ございません 山田はただいま席を外しておりまして 15時には戻る予定でございます 戻り次第、こちらからお電話させていただきますがいかがいたしましょうか？
お願いします
では、恐れ入りますが お電話番号をお教えいただけますでしょうか
〇〇〇〇ー〇〇〇〇です
（ー復唱確認ー）かしこまりました 山田が戻り次第 お電話するよう 申し伝えます
営業部西村がうけたまわりました お電話ありがとうございました

ケース2 名指し人が外出

外出中

会議中と対応は同じ

外出しているときも、基本的に会議中のときと対応は同じ。まずは「申し訳ございません」とお詫びをした上で、不在の理由、戻る時間を伝え、対応を提案します。

「申し訳ございません
○○はただいま
席を外しておりまして
3時には戻る予定に
なっております
戻り次第こちらから
お電話させて
いただきますが
いかがいたしましょうか」

NG あいまいな予定を告げない

「おそらく3時頃になるのではないかと思います」など、あいまいな応対は、相手を不安にさせますし、トラブルのもとです。

ケース3 名指し人から居留守を頼まれる

「申し訳ございません
○○は外出を
しておりまして
本日は戻らない予定に
なっております」

相手に悟られないように説明する

まず、名指し人に具体的な対応の仕方を確認しましょう。最初に応対した時点で、会社にいると伝えてしまったときは、「申し訳ございません。先ほどまで在社しておりましたが、少し前に外出してしまいました」と言います。

ケース4

名指し人が電話中

基本は折り返し対応

「〇〇はただいま他の電話に出ております」と伝えます。「電話中です」というのはストレートすぎてNG。

「申し訳ございません。〇〇はただいま他の電話に出ております。終わり次第折り返しお電話させていただきますが、いかがいたしましょうか」

! POINT

電話が終わりそうなら待ってもらってもいい

すぐに電話が終わりそうな気配が感じられ、かつ相手が急いでいるようなら、「まもなく電話が終わりそうですが、このままお待ちになりますか」と提案をしましょう。

ケース5

名指し人が休暇

出社日を伝える

休暇を隠す必要はありませんが、その理由までは伝えません。必要なのは、次に出社する日の情報。緊急でない限り、休暇中の社員に連絡を取りません。

「申し訳ございません。〇〇は本日お休みをいただいております。出社は明日になります。明日の朝お電話させていただきますが、いかがいたしましょうか」

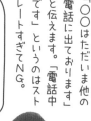

ケース6

名指し人が出張

折り返しを提案する

次に出社する日時を伝えます。出張が長期にわたる場合や、緊急な用件の場合は、こちらから連絡を取って、後ほど電話する旨を伝えます。

「申し訳ございません。○○は○日まで出張となっております
もしお急ぎのご用件でしたら
携帯に連絡をとることは可能ですが
いかがいたしましょうか」

携帯電話が圏外でつながらない場合は、宿泊先などに連絡を。

ケース7

名指し人が帰宅

翌日電話する旨を伝える

翌日に電話をかける対応でOK。自宅の電話番号を教えるのはNGです。

「申し訳ございません。○○はすでに退社しております。明日朝にお電話させていただきますが、よろしいでしょうか」

ケース8

社内で会話

離席の旨を伝える

離席している旨を伝えます。場合によっては電話に出ることもあるので、名指し人に一度声をかけてもOK。

「申し訳ございません。○○はただいま席を外しておりますので、戻り次第お電話をさせていただきます」

取り次ぎの心遣い

取り次ぎをするときに
応対に迷うことも
あります。
そんなときは、
相手の立場になって
適切な応対を行いましょう。
マニュアルよりも
ちょっとした心遣いが大切です。

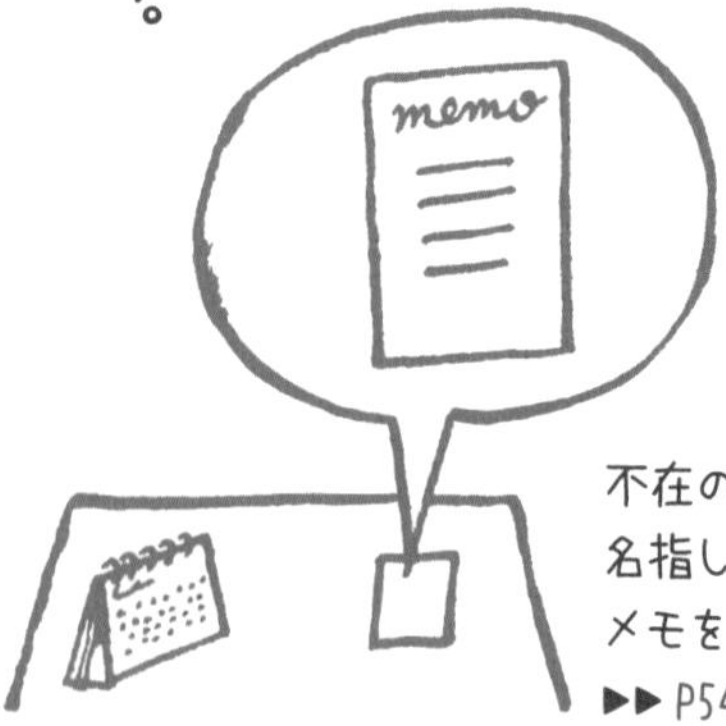

不在の場合は、
名指し人への
メモを忘れずに
▶▶ P54

POINT

こんなとき、どうする？

急ぎだから携帯電話の番号を教えてと言われた

基本的に携帯電話番号や自宅の住所などの個人情報は社外秘です。「お手数をおかけしますので、こちらから携帯電話に連絡を取り、折り返しお電話させていただきます」と伝えます。

上司宛の電話があったときも電話をかけ直すと言ってよい？

電話は基本的に受けた側が折り返すのがルールです。もし関係に気を遣う相手であれば、「わたくしのほうからもう一度お電話させていただきます」などと相手から言ってくるでしょう。

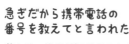

相手が対応に迷っている場合は？

折り返し電話をする旨を提案しても、相手が迷っているようであれば、

「わたくし○○と申します。おさしつかえなければ、ご用件をうけたまわりますが、いかがでしょうか」

と伝言を預かることを申し出てもいいでしょう。必ず名乗った上で伝言を預かることを申し出ます。

NG

用件をダイレクトに聞くのはダメ

「どんなご用件でしょうか」というのはていねいなようで、直接的でぶしつけな言い方。名乗った上で、「おさしつかえなければご用件をうけたまわりますが、いかがでしょうか」がベスト。

相手が急いでいそうな場合はどうする？

名指し人と、携帯電話などで連絡を取れるようであれば、帰社を待たずに伝言を伝えたり、出先より折り返し電話をしてもらいます。

「それではわたくしが○○に連絡をいたしまして、△△様に直接お電話させていただくように申し伝えます」

取り次ぎ対応のトラブル

名前忘れ
お電話ありがとうございます 南海社 営業部の山田でございます
お世話になっております 鈴木部長をお願いいたします
申し訳ございません 鈴木はただいま席を外しております 4時頃には戻る予定でございます
おさしつかえなければご用件をうけたまわりますがいかがでしょうか
伝言を伝えられ……
それではわたくし山田が鈴木に申し伝えます……
あれっ？名前は何だったかしら？きちんと聞いておかないと!!
田嶋？田中？
大変申し訳ありません もう一度お名前をおうかがいしてもよろしいでしょうか
AB商事の田嶋様ですね 確かにご用件をお預かりしました
メモを取りながら復唱することが大切です

電話を切ってから忘れたことに気がついたとき

きちんと謝罪を行う

「申し訳ありません
お名前を確認すること
を忘れてしまいました
今後このようなことが
ないよう注意いたします」

と忘れてしまったことを
素直に話してお詫びする。

名前忘れの防止法！

1 名前を聞いたら必ず復唱する

相手の名前を復唱したり、漢字を確認することで、間違いをへらすだけでなく、記憶に残りやすくなります。

2 電話を受けるときは必ずメモを！

ちょっとした拍子でさっきまで覚えていたことも忘れてしまうことがあります。忙しいときほど、メモをすること。

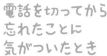

こんな取り次ぎはNG

お世話になっております 田中さんをお願いします
誰だろう??
すみませんが お名前を ちょうだい できますか?
山北社の 西山です
田中さんの 予定は……
TIME BOARD
○○部長
○○課長
○○社
18:00 もどり
田中
西の方
戻りが わからない!!
えーと たぶん 18時には 戻ってきます
ふーん…… じゃあ またかけます
ふう なんとか 乗り切った!!
NG
全然 乗り切って ません!

相手が名乗らないときは最上級の敬語で尋ねよう

最も敬度の高い敬語で名前を尋ねます。ただし、名前は「ちょうだい」するものではなく「教えてもらう」ものですので、「ちょうだいする」は日本語として不適切。「すみませんが」も敬語として間違いです。「恐れ入りますが、お名前をお聞かせいただけますでしょうか」が正しい！

相手に対してあいまいな返事をしない

名指し人の戻り時刻がわからないとき、「たぶん」「〜と思います」というような応対はダメ。周囲の人に尋ね、確実な情報を伝えましょう。わからなければ、「申し訳ございません。帰社時間がわかりかねますので、おさしつかえなければ田中に連絡を取り、折り返しお電話するよう申し伝えますが、よろしいでしょうか？」と尋ねます。

シーン別不在理由の伝え方

不在理由の伝え方を
まとめました。
社内にルールがあれば
それに従いましょう。

会議、打ち合わせ、来客中

「○○はただいま
会議に入っております……」
「ただいま
席を外して
おりまして……」

遅延

「○○はただいま
電車のトラブルで
少々遅れております」

立ち寄り

「○○は本日は立ち寄りで、
△時に出社予定です」

出張中

「○○は△日まで
出張となっております」

直行直帰

「○○は本日は
直行直帰となっております」

旅行中

「○○は△日までお休みをいただいております」

入院中

「○○はただいま休暇中で、出社は△日の予定です」「△日までお休みをいただいております」

トイレ

「○○は席を外しております」

病欠

「○○は本日はお休みをいただいております」

退職

「○○は△月△日付で退職いたしました」

ランチ

「○○はただいま休憩中で、社外に出ております」「席を外しております」

POINT

不在理由を詳細に伝える必要はない

会議中、トイレ、あるいは外出中やランチ中でも、名指し人の姿が見えない場合は「席を外しております」でたいてい通用します。旅行や病欠、あるいは入院中など、休暇の場合は“取引先やお客様があっての会社”と考えると「お休みをいただいております」が基本。不在理由を詳細に伝える必要はありません。

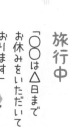

伝言を受けるときの流れ

❶ 電話がかかってきたが、名指し人が不在

- 伝言を依頼される
- 伝言を預かる提案をする

❷ 要点を正確にメモする

❸ 会社名・名前・用件を復唱して確認する

❹ 自分の名前を伝えて電話を切る

POINT

連絡先を聞いておく

折り返し電話をするときだけでなく、電話を切った後に、確認することがあるかもしれないので、相手の電話番号を聞いておいたほうが安心です。「念のために、ご連絡先をお願いします」と聞いた後、復唱します。

----電話応対の例----

私

「わたくし、○○と申します。おさしつかえなければご伝言をうけたまわりますが、いかがいたしましょうか」

相手

「それでは、恐れ入りますが△△部長に伝言をお願いできますでしょうか？」

私

「かしこまりました」

相手

「はい、では～とお伝えいただけますか」

私

「はい、復唱いたします。××社の××様、～でよろしいでしょうか？」

相手

「はい、そうです」

私

「かしこまりました。
△△が戻り次第、確かに申し伝えます。
わたくし、○○がうけたまわりました」

NG

内容を理解しないまま電話を切る

語句が不明瞭だったり、内容が不明確だったりしたまま伝言を受けるのは厳禁。あいまいな内容では誤解が生じかねず、トラブルのもとです。自信を持って伝えられるまで、確認して伝言を預かりましょう。そんな真摯な姿勢は好感を持たれます。

メモの取り方のポイント

メモを取るときのポイントは「5W3H」。間違いなく用件を伝えるために重要となります。用件によっては、すべての項目がそろわないこともありますが、常に5W3Hを意識しましょう。

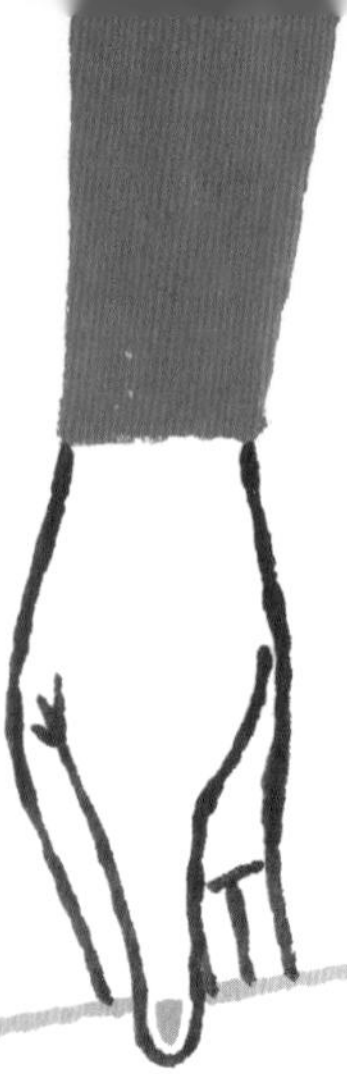

5W3Hとは……
When? いつ
(来週の午前11時に)
Where? どこで
(○○社で)
Who? だれが
(わたしたち)
What? なにを
(明日の打ち合わせ)
How to? どのように
(延期したい)
How much? いくら
(予算は○○円)
Why? なぜ
(急な出張がはいったため)
How many? どのくらい
(1週間)

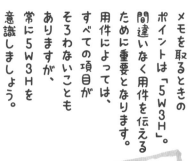

コピーして
使える
伝言メモ
▶▶P6
伝言メモ
名指し人の名前
○○部長
電話を受けた日時
10月24日 13時45分
電話を受けた人の名前
△△
相手の社名、氏名
××社　××部　××様
用件
来週の打ち合わせについて
処理内容
☑ 折り返し電話をしてください
☐ またお電話をくださるそうです

伝言はできる限り口頭で伝える

メモでも伝言はできますが、微妙なニュアンスが伝わりにくかったり、勘違いしたりすることもあります。できるだけ口頭で伝えるのが基本です。電話のときの様子など、メモだけではわからない情報も伝わります。

メモで渡すときは目に付きやすい場所におく

どうしてもメモで伝えざるをえないときは、デスクの目立つ場所にはります。パソコンのキーボードや電話の受話器など、書類に埋もれない場所を選びましょう。その際、セロテープで留めるなどの、紛失しない工夫も必要になります。ふせんメモも便利。事前に置き場所を確認すると間違いがありません。

間違いを防ぐ電話の復唱のコツ

相手の用件を聞いたら
確認のためにポイントを復唱

「それでは復唱いたします」

と言い、
復唱が終わったら、

「以上でよろしいでしょうか」

と確認します。
「以上で間違いないでしょうか」は、
間違いの責任は相手に
あるようにもとれるのでNG。

POINT

**聞き取りやすいように
ゆっくりと話す**

電話での会話はどうしても早口になりがち。意識して、ゆっくり、はっきり、話します。聞き取りにくい単語や間違いやすい単語は、繰り返したり、別の言葉で言い換えたりするなど、相手の立場に立って、配慮します。

間違えないための復唱の確認のコツ

内容の間違い防止

日にちの確認

曜日だけ、日にちだけの復唱では、情報が正しく伝わらないこともあります。「明日5日、水曜日ですね」や「2月5日水曜日ですね」と月、日、曜日などを添えて内容を確認します。

時刻の確認

まずは相手の言った通りに復唱したうえで、「14時」と24時間制で言われたときは「午後2時ですね」、逆に「2時に」と言われたときは「14時ですね」などと言い換えるとよいでしょう。

単純な聞き間違い防止

アルファベットの確認

まずは復唱して、そのうえでアルファベットが特定できるように「ABCのB」「デンマークのD」と例を挙げながら確認するのが確実です。

数字の確認

「0」は「レイ」ではなく「ゼロ」、「4」は「シ」ではなく「ヨン」、「7」は「シチ」ではなく「ナナ」と呼ぶだけで、聞き間違いを防げます。

漢字の確認

相手が「かわむら」という名前なら、「カワムラ様の『カワ』は三本川の『川』でしょうか、あるいはさんずいの『河』でしょうか」と一文字ずつ確認することが大事です。

POINT

失礼になってしまう間違い 尊敬語と謙譲語

相手の「わたくしがうかがいますとお伝えください」（謙譲語）の伝言は、「〇〇様がいらっしゃるということですね」と注意深く尊敬語に言い換えます。

「自分の連絡先」を知っておこう

電話で会社の連絡先を聞かれたときに使える、「自分メモ」を作っておくと便利です。デスクの前にはっておき、読み上げると、間違いがなく伝わります。また、そのままメール添付やファクスできるような地図付きの会社案内があると重宝するでしょう。

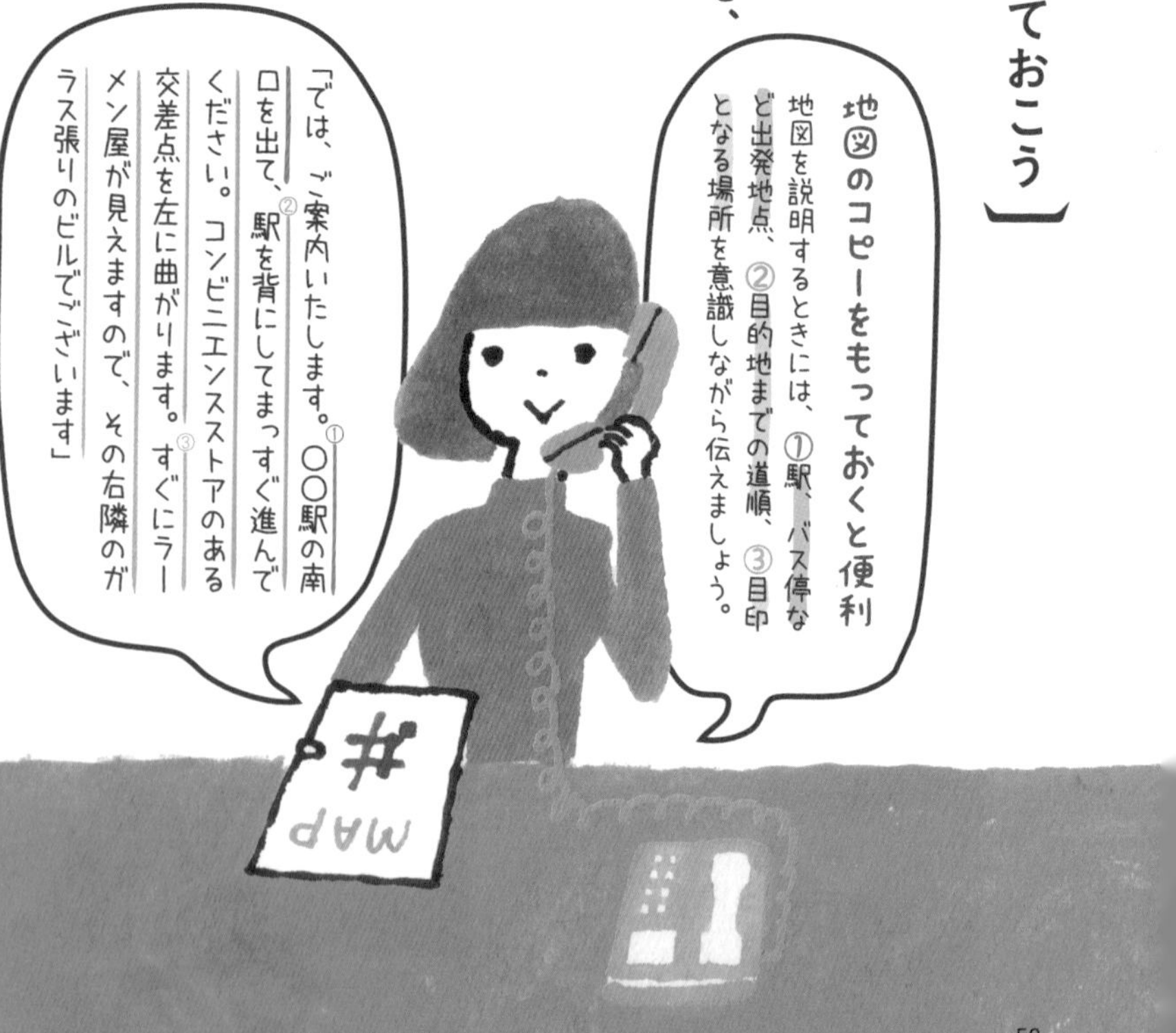
地図のコピーをもっておくと便利
地図を説明するときには、①駅、バス停など出発地点、②目的地までの道順、③目印となる場所を意識しながら伝えましょう。
「では、ご案内いたします。①〇〇駅の南口を出て、②駅を背にしてまっすぐ進んでください。コンビニエンスストアのある交差点を左に曲がります。③すぐにラーメン屋が見えますので、その右隣のガラス張りのビルでございます」
MAP

コピーして使える
自分メモ ▶▶P5

自分メモ項目

- 会社の所在地、住所、郵便番号
- 最寄り駅
- 代表電話番号
- 直通の電話番号、ファクス番号
- 関連部署の電話番号、ファクス番号
- 自分の会社のURL
- 自分のメールアドレス

【問い合わせ対応のポイント】

問い合わせ対応の基本

内容を把握して復唱

「お問い合わせいただいた内容ですが、
〜でよろしいでしょうか」

まずは問い合わせ内容を正確に把握するために、聞きとった内容を復唱します。

保留にして調べる

「ただいまお調べいたしますので、
少々お待ちくださいませ」

と言って保留にし、担当者に確認します。

折り返し電話を提案

「申し訳ございません。確認に少々お時間がかかりますので、30分後に改めましてお電話をさせていただきますが、ご都合はいかがでしょうか」

と伝えます。だいたいの所要時間がわかれば、

「〇分後にご連絡させていただきます」

と伝えます。

連絡先を確認する

「恐れ入りますが、
ご連絡先をお願いいたします」

と連絡先を確認しましょう。

折り返しの連絡が自分以外の者になりそうな場合

内容によっては担当者が直接回答したほうがいいケースもあります。

「お返事の内容によりましては
担当の○○より
ご連絡いたしますので
よろしくお願いいたします」

と付け足すのもGOOD。

いつまでに返事が必要なのかの確認

回答に急を要するのか、時間の余裕があるのかによって対応も異なってきます。担当者が不在ならば戻り時間を伝え、その後の連絡でもよいかを確認します。緊急の場合は、できるだけ早く連絡ができるように対応します。

POINT

ビジネスでは30秒以上待たせないのがお約束

ビジネスではどんなシーンでも30秒が基準。問い合わせの内容を確認するのに30秒以上かかるかどうかをきちんと見極められるかどうかが、電話応対上級者かどうかの分かれ目ともいえます。

問い合わせに使えるフレーズ

お客様からの問い合わせ対応をするときは、簡潔でわかりやすい説明になるような工夫が必要となります。特に回答が相手の意に添えないときは、クッション言葉などを使います。

(クッション言葉)＋(肯定形)＋(提案)
「恐れ入りますが
ご用意できかねますので
かわりに○○で
ご了承いただけませんでしょうか」

問い合わせに応えるときの基本ワード

電話を受けたらまず感謝

▶▶▶「お問い合わせいただきありがとうございます」

こちらの対応を具体的に説明

▶▶▶「ただいまお調べいたします」

少しでも待たせるときは

▶▶▶「少々お待ちください」
「お待たせいたしました」

あいづち

▶▶▶「はい」
「さようでございますか」

最後に責任を持ってあいさつを！

▶▶▶「ありがとうございました。わたくし○○がうけたまわりました」

問い合わせ対応で間違いやすいフレーズ

内容を復唱した後に

✕「〜でよかったでしょうか」
○「〜でよろしいでしょうか」

名前を尋ねるとき

✕「お名前をちょうだいできますか」
○「お名前をうかがってもよろしいでしょうか」
「お名前をお聞かせいただけますか？」
「お名前をお願いいたします」
※クッション言葉も使う

電話が聞き取りにくいとき

✕「よく聞こえません」
○「お電話が遠いようですが」
「もう一度お願いいたします」
※クッション言葉も使う

その他

✕「ご利用できます」
○「ご利用いただけます」

✕「〜のほう」
○「〜で」

NG

あいまいな言葉はNG

クッション言葉でやわらかい印象を与えるのはよいことですが、正確さを台無しにしては本末転倒。「たぶん」「もしかすると」「いちおう」「だいたい」「おそらく」「そのうち」「〜のはず」「〜かもしれませんが」といった、不確定要素を含んだ言い回しは、あいまいなだけでなく、不誠実に取られかねません。

よくある電話のトラブル例

間違って別の電話に出てしまった

間違いに気づいたら、「私、〇〇部の〇〇と申します」と名乗ります。その上で「申し訳ございません。間違ってお電話をとってしまったようです」と詫び、「改めて、弊社の担当者にお取り次ぎいたします。いま一度お名前と弊社の担当をお教えいただけますでしょうか」と申し出ます。再び保留にし本来の相手につなぎます。もちろん名指し人にも事情を説明し謝っておきましょう。

同じ名前の人が2人いる

まず「恐れ入りますが、営業部の田中でしょうか、それとも制作部の田中でしょうか」と部署を確認したり、「田中は営業部に2名おりますので、フルネームで教えていただけますでしょうか」と特定していきます。

それでもわからなければ、「田中さん宛にお電話ですが、フルネームがわからないようです。恐れ入りますが、受けていただけますか」と申し送りをして取り次ぎます。

周りがうるさい

一度電話を保留にして周囲に静かにしてもらうように言います。

どうしても静かにするのが無理な状況ならば、他の席に移るか、「騒がしくて申し訳ありません」と詫びた上で、聞き間違いに注意しながら電話を続けましょう。

代表者、責任者を出してほしいと言われた

会社の体制にもよりますが、まずは「恐れ入りますが、内容をお聞かせいただけますでしょうか」と自分で受けるのが基本。

取り次ぐ場合でも「誠に恐れ入りますが、適切な責任者にお取り次ぎするために、ご用件をお聞かせいただけますでしょうか」と、話の内容を確認しましょう。

わからないことを聞かれた

基本は、「恐れ入りますが、わたくしではわかりかねますので確認してからお電話させていただきます」と、いったん電話を切ります。調べてから折り返し電話しましょう。

間違って切ってしまった

もし電話番号がわかれば、すぐかけ直して、「誠に申し訳ありませんでした。わたくしの不手際で電話が切れてしまいました」と丁重に謝ります。

もっと知りたい！ 敬語表現一覧表

×	○
どんなご用ですか？	ご用件をお聞かせいただけますか？
どなたですか？／どちら様ですか？	お名前をお聞かせいただけますでしょうか？
山田様でよろしかったですか？	山田様でよろしいでしょうか？
聞こえないのですが…	お電話が少々遠いようですが…
○○様はおられますか？	○○様はいらっしゃいますか？
○○部長はいまおりません	部長の○○はただいま席を外しております
どうぞ書類のほうをご覧ください	どうぞ書類をご覧ください
わかりましたか？	ご不明な点はございませんか？
○○に伝えます	○○に申し伝えます
どうですか？	いかがでしょうか？
お返事をください	お返事をお待ちしております

Part 3

電話をかける

こちらから電話をかけるときは、
段取りがとても重要。
相手の立場に立って、相手の状況や
対応を想像しながら電話をすれば、
想定外のアクシデントは最小限になり、
仕事もサクサクと進むはず。

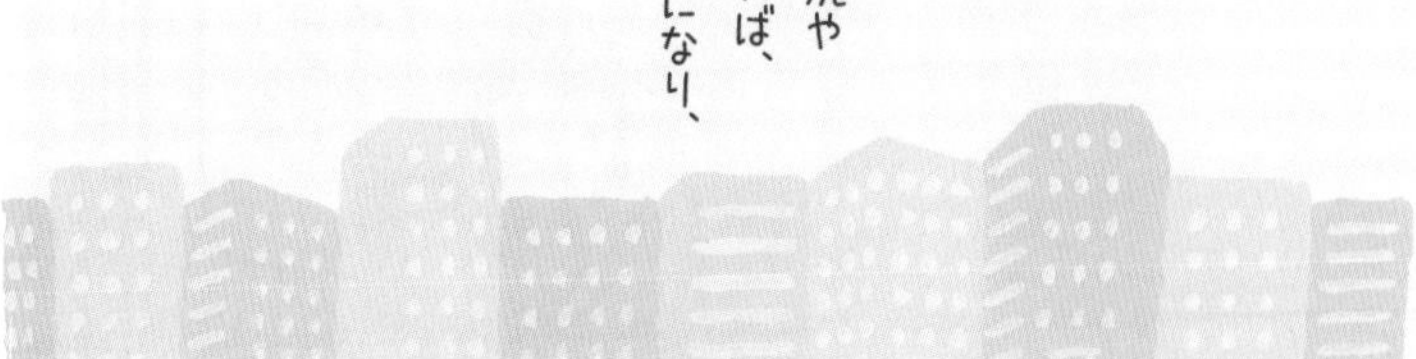

電話をかけるときの流れ

❶ 電話が鳴って相手が出る

❷ あいさつをして、取り次ぎをお願いする

● 指名者が在席

❸ 指名者が出たら、まず名乗り、都合を確認してから用件に入る

❹ 電話を切る

● 指名者が不在▼▼P74

❸ 改めて電話する旨を伝え、電話を切る

電話をかける前に、メモ用紙と筆記具、相手の名刺を用意し、用件に関連する書類をそろえておこう

---- 電話応対の例 ----

私

「いつもお世話になっております
（初めまして）。〇〇社〇〇と申します」

相手

「お世話になっております」

私

「恐れ入りますが、△△部の△△様は
いらっしゃいますか？」

相手

「少々お待ちくださいませ」

相手

「お待たせいたしました。△△でございます」

私

「お世話になっております。
ただいまお電話よろしいでしょうか？」

相手

「はい、お願いいたします」

私

「～の件でご確認したいことが
あるのですが、～」

「お忙しいところありがとうございました。
失礼いたします」

電話をかける前の準備

相手の部署とフルネームを確認！

会社には同姓の社員が複数いる可能性があります。大きな会社では、名前だけでは担当者が特定できないときも……。名刺をデスクにおいて、部署とフルネームがわかる状態にしてから電話しましょう。

名刺で事前に相手の名前と部署を確認

伝えたい内容は整理しておこう

正確に、スムーズに、すみやかに話を伝えるためにあらかじめ用件を書き出して整理しておきましょう。話す順番も決めておくとさらにスムーズ。

1
2
3

メモを準備！

資料をきちんとそろえておく

効率よく、確実に用件を伝えるために、資料をそろえておくのが原則。話の内容に関係あるものは全部デスク上におきます。初めてかける場合は、パソコンに相手の会社のHPを立ち上げて備えておきます。

スケジュール帳は手元において！

電話で話をしているときに、予定の確認が必要な場合がよくあります。カレンダーがあると日時を間違わずに確認できますし、予定を書き込むスケジュール帳は必須アイテム。

POINT

相手にとって都合のいい時間にかける

電話をかける時間は、相手に合わせるのが基本です。お昼の時間を避けるなど、相手が落ち着いて話せる時間帯にかけます。約束をしていない限り就業時間外にかけるのもNG。差し迫った状況であれば、「お昼どき（夜分）に恐れ入ります」と一言添えましょう。

電話をかけるときによく使うフレーズ

電話をかけるときによく使うフレーズを一覧にまとめました。これらのフレーズを読みながらシミュレーションをしてみましょう。

あいさつ

☆「お世話になっております」

☆「おはようございます」

☆「お忙しいところ恐れ入ります」

☆ 返事 ←「こちらこそお世話になっております」

取り次ぎのお願い

☆「恐れ入りますが、○○課の○○様はいらっしゃいますか」

☆「○○課の○○様にお取り次ぎいただけますでしょうか」

☆「○○課の○○様をお願いできますでしょうか」

指名者が不在で再度電話をするとき

☆「○時にもう一度お電話させていただきます」

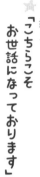

自己紹介

「わたくし、〇〇社の〇〇と申します」

切り出しワード

「いまお時間よろしいでしょうか」

← 返事「大丈夫です」

用件に入る前の声がけ

「恐れ入りますが、少々お時間よろしいでしょうか」

「本日は〇〇の件でご連絡させていただきました」

伝言をお願いする

「恐れ入りますが、伝言をお願いできますでしょうか」

「その旨お伝えいただけますでしょうか」

指名者が不在で、折り返しや伝言をお願いしたとき

「お手数をおかけしますが、よろしくお願いいたします」

「恐れ入りますが、お名前をおうかがいしてもよろしいでしょうか」

ケース1
相手が不在
山本さんに電話しなきゃ！
はい AB商事です
お世話になっております。私、南海社の内田と申します 恐れ入りますが営業部の山本様はいらっしゃいますでしょうか
申し訳ございません 山本は外出しております
恐れ入りますがお戻りの時間をお教えいただけますすか
3時過ぎには戻る予定になっております
それでは3時半にもう一度お電話させていただきます
恐れ入ります
失礼いたします

相手に折り返すと言われた場合はどうする？

基本はかけた側がもう一度かけること

まず戻りの時間を確認します。会社に戻った直後は慌ただしいので、相手が戻った30分後くらいを目安に、かけ直しましょう。

「よろしければ
○○が戻り次第
こちらからお電話
させていただきます」

「ありがとうございます
それではお手数をおかけして
申し訳ございませんので
こちらから○時頃に
お電話させていただきます」

急いでいるときは他の人に尋ねてみる

緊急な用件のときなど、担当者の帰社を待っていてはまにあわないこともあります。そういうときは、他にわかる人にかわってもらいます。

「恐れ入りますが、至急確認
させていただきたいことが
ございますので、○○の件で
おわかりになる方は
いらっしゃいませんでしょうか」

と聞いてみましょう。

POINT

基本はかけたほうが電話をする

相手が不在のときには、基本的にかけたほうが改めて電話をするのがマナーです。

ケース2
伝言をお願いする
明日の打ち合わせが延期になることを田中さんに連絡しないといけないわ
田中様はいらっしゃいますか？
申し訳ございません田中はただいま外出しております
承知いたしましたそれでは恐れ入りますが伝言をお願いできますでしょうかそれでは申し上げます明日の打ち合わせの件でご連絡いたしました山田先生が急なご病気のため明日の打ち合わせが延期になりましたその旨をお伝えいただけますでしょうか
かしこまりました～でございますね必ず申し伝えます
恐れ入りますがお名前をおうかがいしてもよろしいでしょうか
西村と申します
西村様でございますねそれではよろしくお願いいたします

伝言するときのポイント

内容やいきさつをきちんと伝える

伝言に入る前に「それでは申し上げます」と、まず一呼吸。つづいて「〇〇の件でご連絡しました」と前置きしてから、用件に入ります。聞いたほうがメモを取りやすいように具体的な伝言にすると、正確に伝わりやすくなります。

返事が必要なときは期限も伝える

「こちらの都合で申し訳ございませんが、この件に関して、本日中にお返事をお願いしたいとお伝えいただきたいのですが」と、返事がほしい旨とあわせて期限も言い添えます。伝言を預かったほうも、伝えやすくなります。

伝言は多くならないようにする

伝えなければならないことがあまりに多いと、相手に負担をかけてしまいます。正確に伝えるためにも、伝言の内容は多くても3項目までにしぼりましょう。できれば「〇〇についておうかがいしたいのでご連絡をいただけますでしょうか」と詳細は直接やり取りする方向で!

ケース3
アポイントメントを取る
南海社の山田と申します
林部長はいらっしゃいますか
林部長
お世話になっております
アポイントメントとは
面談の約束のことをアポイントメント、略してアポといいます。つまり約束を取り付けることです。
お忙しいところ
申し訳ありません
○○について
来週中にお打ち合わせを
させていただきたい
のですがお時間
いただけます
でしょうか
承知いたしました
ありがとうございます
それではご都合のいい日を
お教えいただけますか？
日時は相手に合わせる
アポイントメントの日時は、基本は相手の都合を聞いてその中で決めるのが礼儀。候補日を複数あげてもらったり、こちらから提示して決めましょう。
それでは○日○時で
お願いします
承知いたしました
当日はわたしと
部長の佐藤の2名で
御社におうかがい
いたします
どうぞよろしく
お願いします
ありがとう
ございました
アポイントメントが
取れたら
面談場所と人数を伝えて
確認します

アポイントメントを取る時間について

相手が「いつでもいい」と言ってくれたとき

「ありがとうございます。それでは、○日○曜日か□日□曜日の午後、あるいは△日△曜日でお願いしたいのですが、どちらがよろしいでしょうか」

と複数候補をあげて、選んでもらいます。最終的には相手の希望の日程で予定を決めるようにするのがマナー。

相手があげた日時では都合が悪いとき

「大変申し訳ございません。あいにくこの日は先約がございます。誠に恐れ入りますが、他の日でお願いできますでしょうか」

といって、他の日をあげてもらいます。また、最初からダメな日がわかっているならあらかじめ伝えましょう。

資料をもっていくときは

「資料は何部ご用意すればよろしいでしょうか」

と確認します。

折り返しの電話

❶不在の場合

電話をもらったのに不在で出られなかったときの、折り返しの電話では、

「先ほどは席を外しており申し訳ありませんでした」

「先ほどは外出しておりまして、大変失礼しました」

というように、まず不在の失礼をお詫びした後、用件に入ります。

❷問い合わせの返事

最初に

「先ほどはお問い合わせいただきありがとうございました」

と、連絡をもらったお礼を言います。

「先ほどお問い合わせいただきました件でご連絡をいたしました」

というように相手を受け止めてから、用件に入ります。

結論、その理由をあげ、最後に結論を再び伝えます。

伝言を伝える

社外の人から預かった伝言を上司や同僚に電話で伝えることもあります。

「おつかれさまです。
○○課の○○です。
ただいまお話ししてもよろしいでしょうか。
△△社の△△様から
××さんへ
うけたまわった伝言です。
今回の…」

というように、誰から誰への伝言なのかが最初にわかる形で伝えましょう。

2回目の電話をかける

最初のあいさつを、

「恐れ入りますが、先ほどお電話させていただきました〇〇社の〇〇と申します」

というように、1回目と若干変えて話すとスマートな印象を与えます。

不在にしていた人にもう一度かける場合は、

「たびたび恐れ入りますが、〇〇様はお戻りになりましたでしょうか」

と確認して取り次いでもらうと、ていねいです。

初めて話す相手に対してどうする？

最初のあいさつは特にていねいに

会ったことのない相手への電話はていねいに心がけましょう。特に初めての会社への電話は配慮が必要です。「お忙しいところ恐れ入ります」「初めてご連絡させていただきますが……」と前置きをした上で「わたくし〇〇社の〇〇と申します」と名乗ります。

問い合わせの電話のとき

「〜についておうかがいしたいのですが」と用件を明確にした上で、「ご担当の〇〇様をお願いいたします」と言います。

POINT

名前がわからない人に対して

名前がわからなくても、用件が決まっていれば問題ありません。名乗った上で、「〇〇についておうかがいしたいのですが、ご担当者様をお願いいたします」と取り次ぎをお願いします。

初めてだからこそ用件は簡潔に伝える

初めて話す相手に、長々と電話で話してしまうと、印象が悪くなりがちです。事前に伝える事柄をまとめておいて、簡潔に話すほうがベターです。

「さっそくですが、本日は〜の件でお電話いたしました」

と電話の目的を伝えて、必ず

「いまお時間よろしいでしょうか」

と、用件に入る前に確認します。見えないからこそ、相手が対応できる状態かどうかを確認するのが思いやりです。

用件が複数あるときは

「本日は、〜について、2点ほど確認させていただきたいことがございます」と最初に断っておきます。要領よく話すには、まず話の全体像を示すのが一番です。

POINT

初対面でも「いつもお世話になっています」と言う?

会社同士のつきあいがあれば積極的に使ってOK。会社同士のつきあいがなければ、使わないほうが無難ですが、先方から言われたら「こちらこそ、いつもお世話になっております」と返すのがマナーです。

2回目以降に話す相手には

親しみやすい応対で距離感を近づける

何度か電話を受けたことがあるなど、2回目以降に話す相手には、信頼感に加えて親しみやすさを感じてもらうことも大切です。柔軟な応対で距離感を近づけていきましょう。

人間関係が会社の関係をつくる

一度話した相手が気さくに接してくれるとうれしく感じるものです。初回よりも親しみの持てるコミュニケーションができれば、人間関係が深まり、会社同士の関係も良好に。新たな仕事のチャンスにもつながりやすくなります。

POINT

相手のことを覚えておく

2回目以降の応対をスムーズにするには、日々、電話をかけてきた相手や話した内容を覚えておく必要があります。社内に取引先・担当者の一覧表がある場合も多いですが、自分でもメモをとるなどして、記憶に残す工夫を。

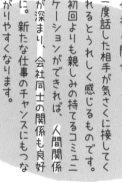

2回目以降の電話応対の例

★ 電話を受けるとき

初めて 「〇〇社△△様でいらっしゃいますね。お世話になっております」

2回目以降 「❶△△様、❷いつもお世話になっております。❸おはようございます」

「❶△△様、❷いつもお世話になっております。❸先日はお越しいただきまして、ありがとうございました」

★ 電話を取り次ぐとき

初めて 「少々お待ちいただけますでしょうか」

2回目以降 「❹ただいま代わりますので、少々お待ちくださいませ」

★ 名指し人が不在の場合

初めて 「……17時に戻る予定となっております。戻り次第こちらからお電話させていただきますが、いかがいたしましょうか」

2回目以降 「……❹17時に戻る予定となっておりますが、それからのお電話でもよろしいですか？」

❶声のトーンを上げる

声を一段高くし、親しみを込めて名前を呼びかけます。

❷「いつも」を使う

継続した付き合いを示す「いつも」を加えます。

❸プラスの一言

あいさつをプラスしたり、何かやりとりがあった相手ならお礼の言葉などを添えたりします。

❹表現を少し変える

毎回同じ定型表現では他人行儀に感じることも。表現をほんの少し変え、親しみを込めて話すと、少しくだけた雰囲気になり距離感が縮まりやすくなります。全体的に声のトーンは高めに。

さらに、自分とは直接関係のない話をされても、会社の一員として返事ができるようになると上級者。

今度御社の△△を仕入れることにしたんですよ
さようでございますか ありがとうございます

携帯電話からかけるときのポイント

仕事上で取引先と
携帯電話（スマホ）で
やりとりすることが
多くなりました。
その際のビジネスマナーは
しっかりおさえておく
必要があります。
ただし、新規のお客様や
重要な内容は
会社の固定電話を
使用するのが常識です。

❶ 最初に必ず一言添える

電波の状態によっては声が小さかったり、雑音が入ったりという聞きにくい状態のときもあります。最初に「携帯電話から失礼いたします」と一言添えるのがマナー。

❷ 外出先でもメモを取る

電話で話す際はメモを取るのが基本です。携帯電話のときも同様。外出時は、必ずメモを取れるように筆記具と手帳を用意しておきましょう。

❸ 電波のいい場所からかける

携帯電話は、電波のアンテナマークがきちんと表示される場所からかけるのが鉄則です。また、途中で切れないように、事前に電池の減り具合を確認しましょう。

4 静かな場所を選んでかける

駅のホームなど、にぎやかな場所ではお互いの声が聞き取りにくいので、避けましょう。また、後ほどメールで、「先ほどは携帯電話で失礼しました」とフォローしておきます。

! POINT

携帯電話のON／OFFマナー

外出先などでは、仕事用の携帯電話の電源はONでマナーモードにし、訪問先などで連絡だけを受けられるようにします。ただし、大事な商談中は電源をOFFに。

5 周囲にも気配りを

静かな場所からかけたいとはいえ、周囲の迷惑になるような場所からかけるのはNG。公共交通機関の中や病院、静かな喫茶店などからの電話は注意しましょう。

携帯電話にかけるとき

携帯電話にかけるときの流れ

1. まず「わたくし、○○社の○○と申します」と名乗ります。
2. 「△△様のお電話でしょうか？」と携帯の電話番号が合っているかを確認します。
3. 「ただいまお時間よろしいでしょうか」と相手の都合を確認し、「本日は～の件でご連絡させていただきました」と簡潔に用件を説明します。

名刺交換のときに確認を

名刺交換をしたときに携帯番号が書いてあれば、「ご連絡は会社と携帯電話のどちらがよろしいですか」と確認しておきましょう。

また、会社に本人が不在で携帯電話にかけたいときは、「携帯の番号をうかがっておりますが、直接おかけしてもご迷惑ではないでしょうか」と尋ねると、相手の状態をある程度知ることができます。

携帯電話にかかってきたときに不都合な場所にいたら

電車などの車内にいるときに携帯電話がかかってきたときは、「ただいま電車の中ですので、○分後に折り返しご連絡させていただきます」と手短に答えて折り返しましょう。歩いているときも「移動中」と伝えて、電話に適した場所から折り返します。

---- 相手への気配りを忘れずに ----

携帯電話にかける場合、相手が外出しているということを念頭におき、いつも以上の気配りが大切です。

重要な話はNG

契約や商品などの重要事項は携帯電話では話さないのが基本です。緊急時は「～についてお話ししたいのですが」と尋ねましょう。

会話の内容はメールで確認してもらう

携帯電話をかけたときは、出先でメモできない可能性もあります。確認事項などは、電話を切った後にメールで確認を。

相手につながったら不都合がないか確認

「外出先まで申し訳ありません。今5分ほどお電話よろしいでしょうか」と、携帯電話にかけてしまったことを詫び、話ができるか確認を。

勤務時間内にかける

携帯電話だからといって、極端に遅い（早い）時間にかけるのはマナー違反。相手の就業時間内にかけるのが基本です。

留守番電話につながったら

携帯電話にかける場合、留守番電話につながることはよくあるものです。留守番電話になったらメッセージを残し、時間をあけて再コールするのがマナーです。

恐れ入ります
○○様のお電話でよろしいでしょうか
携帯電話に失礼いたします
△△社の△△でございます
××の件でご連絡させていただきました
また夕方に
お電話させていただきます
失礼いたします

--- メッセージの残し方 ---

1. 相手の携帯電話であることを確認する
2. 社名・名前を名乗る
3. 用件を簡単に説明する
4. その後の対応を述べる
   - ・また午後にお電話させていただきます
   - ・また明日、会社にお電話させていただきます
   - ・メールでご連絡させていただきます

NG

要件を残さないのはダメ

何の用件かわからないと、相手はとても気になってしまいます。「～の件でご連絡しました」と、具体的な用件を必ずメッセージに残しておくこと。

再度電話しても留守番電話になったら？

初回と同様にメッセージを残しておきます。その際、一度連絡したことを伝え、何度も電話をかけたことについてお詫びをします。

恐れ入ります。〇〇様のお電話でよろしいでしょうか。午前中にご連絡をした△△でございます。何度も申し訳ございません。××の件を確認したいので、また明日ご連絡させていただきます

3度目の電話も留守番電話になったら？

会社に電話をかけて、ほかにわかる人がいないか尋ねてみるか、折り返しの電話をお願いするなどの対応をとります。相手が電話に出るまで待てないような急用の場合も同様にします。

～の件で〇〇様の携帯電話にご連絡をしたところ連絡がつかないのですがこの件でどなたかわかる方はいらっしゃいませんでしょうか

電話番号を伝えるときは2回繰り返す

折り返しの電話を希望する場合など、自分の電話番号を伝えるときは、2回繰り返したり、ゆっくり言ったりして聞き間違いのないように配慮します。ただし、基本的には電話をかけた側が再コールをするのがマナーです。

Column

チャットで連絡する際のマナー

近年、LINE などのチャットツールも用いられるようになりました。
利用する際には基本的なマナーを守ることが大切です。

1	送信先はよく確認する	誤送信は信頼を大きく損ねます。送信先はしっかり確認して送りましょう。
2	早めに返信する	既読にしたら早めに返信します。すぐに返信できないなら既読にしないか、「返信が遅れます」などの定型文で反応を。
3	内容は簡潔にまとめる	あいさつは短く、内容は具体的・簡潔にまとめます。長くなる場合は箇条書きにするなど、わかりやすく伝える工夫を。
4	複雑・重要な内容は送らない	チャットは長文にわたる複雑な内容や重要な内容を送るには不向き。これらを送るときはメールを使用します。
5	個人情報のやりとりは避ける	漏洩《ろうえい》のリスクを避けるためにも、住所氏名・取引履歴・口座情報など、個人情報のやりとりには使用しないこと。
6	就業時間内に送る	メッセージは就業時間内に送るのが基本。緊急で就業時間外に連絡する場合は、「緊急の案件で申し訳ありません」などの一言を添えましょう。事前に「メッセージは何時頃まで送ってもよろしいですか？」と確認することもおすすめ。
7	スタンプの乱用は避ける	スタンプをカジュアルすぎると感じる人もいます。相手に合わせた使い方を。
8	グループ単位の連絡は慎重に	自分に関係のないやりとりが続くとわずらわしいものです。メンバーを把握し、必要なメッセージのみを送りましょう。

Part 4

電話トラブルの解決法

電話はビジネスの最前線。

突然のクレームや外国語による電話など、セオリーどおりにいかないこともありますが、コツを知ればスムーズに応対することもできるでしょう。

備えあれば憂いなしです。

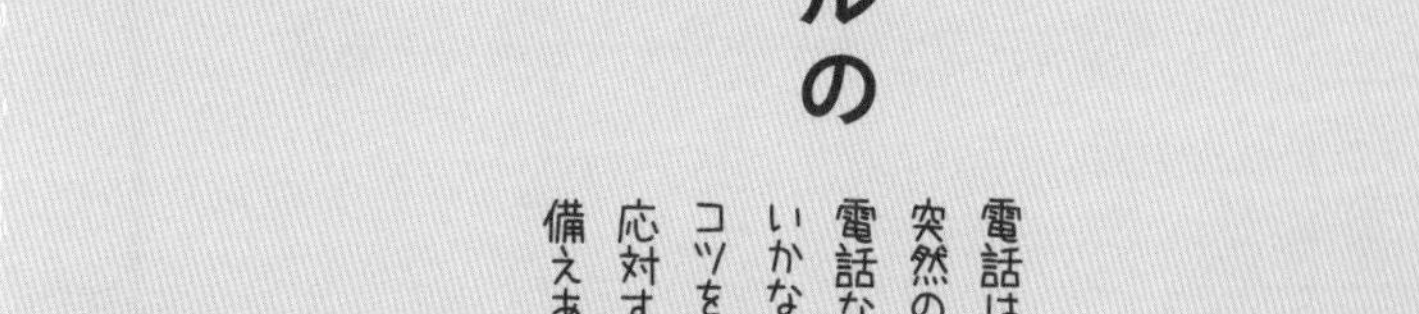

クレーム対応の流れ

クレームは、お客様の大切な声です。せっかく買った商品や受けたサービスに不備があれば誰でも嫌なもの。クレームに対するていねいな対応を身につければ、商品などの品質向上に役立ち、会社のファンを増やすことにつながります。

---- クレーム対応の流れ ----

1. クレームの電話がくる
2. 相手の言い分を聞いて、まずお詫び
3. 状況確認をする
4. 打開策、対応策を提案する
5. 最後にお礼を言う

クレーム対応をするときに注意をしたいのが、落ち着いて対応をするということ。お詫び、状況確認、対応策の提案など親身になって対応をすることが必要となります。

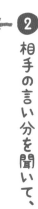

クレーム対応のポイント

すぐにクレームだと判断しない

お客様からの問い合わせは商品の感想や相談ということもあります。まずはクレームなのか見極めて。

あいづちをしっかり打つ

話を聞いている姿勢を伝えるために、あいづちを打ちます。相手の言葉にかぶらないようにも注意しましょう。

クレームの内容を整理しながら聞く

話だけではクレームの全体像を見誤ることがあります。自分なりにメモを取りながら整理しましょう。

時間がかかりそうなら折り返す

回答に時間がかかる、自分ではわからないときなどは30分後を目安に折り返します。

「大変申し訳ございません、お調べするのに時間がかかりそうですので、30分後に折り返しお電話させていただきたいのですが、ご都合はいかがでしょうか？」

POINT

お詫びの言葉を使い分ける

クレーム対応で意識しておきたいのが、お詫びの仕方。安易に過失を100％認めてしまうと、ときに自社に不利益な要求を迫られることもあります。限定的なお詫びと全面的なお詫びを、うまく使い分けます。

・限定的なお詫び
（こちらの非が限定的な場合）

「お待たせして申し訳ございませんでした」
「お届けが遅くなり、申し訳ございませんでした」

・全面的なお詫び
（全面的にこちらに非がある場合）

「誠に申し訳ございません」
「大変失礼いたしました」

クレーム対応5つのステップ

クレームの電話を受けると、
緊張してあわててたり、
はやく終わらせたいと
あせってしまいますが、
それでは冷静な
対応はできません。
ステップを順に踏むことで
スムーズに対応ができます。

STEP1 お詫び

怒りや不安をしずめてもらうため、まずは「(ご迷惑をおかけいたしまして)大変申し訳ございません」とお詫びします。

STEP2 話を聞く

「はい」「さようでございますか」とあいづちを打ちながら、話を聞くとよいでしょう。不遜な話し方をしてしまうと、二次クレームにつながるのでていねいに。

STEP3 状況把握

一通り話が終わったら、今度は内容を確認する「状況把握」。5W3Hを念頭に、ていねいに話を確認します。時系列にまとめると把握しやすくなります。

STEP 4 説明・提案

トラブル解決に向けて、その原因やいきさつを説明した上で、解決策を提案します。「納得していただく」ためには、論点を要領よくまとめ、わかりやすく話すことです。

提案は依頼形で

解決案を提案する際は、お願いする形で「〜ませんでしょうか」と否定疑問形で提案します。この形が最上級です。

○「〜していただけませんでしょうか」

×「〜していただけないでしょうか」

STEP 5 フォロー

「○○様、貴重なご意見ありがとうございました。わたくし、○○と申します。また何かございましたら何なりとおっしゃってください」とクレームに対する感謝を伝えます。相手の名前を呼びかけるのも、距離が縮まりGOOD。

POINT

クレームは社内で共有し改善をする

トラブル対処が無事に終わっても、その後社内で何も改善をしなければ、同じクレームを生むことになります。クレーム内容を社内で共有し、改善することが大切です。

クレーム対応のケーススタディ

ケース1
商品に対するクレーム
○○社でございます
先日買った美容液セットのビンがこわれていたわよ！
STEP1 お詫び
さようでございますか 大変申し訳ございませんでした おケガはございませんでしたでしょうか
ええ 大丈夫だったわよ
STEP2 話を聞く
恐れ入りますが商品がどのような状態でお手元に届いたのか教えていただけますでしょうか
箱を開けたらビンが割れていたのよ!!
さようでございますか 大変申し訳ございません
STEP3 状況把握
開封した際にすでにビンが破損していたということでございますね？
ええ！ びっくりしたわ 人気の商品だから楽しみにしていたのに！

お怒りはごもっともでございます恐れ入りますが商品はまだお持ちでいらっしゃいますでしょうか?
ええ

STEP❹ 説明・提案
さようでございますかありがとうございますつきましては新しい商品と交換させていただきたいのですがよろしいでしょうか
そうしてちょうだい

承知いたしました確認いたしましたところ一番はやくて明後日のお届けになりますがよろしいでしょうか
わかったわ
ありがとうございますそれでは美容液を1セット配送の手配をいたしましたお手数をおかけいたしますが、お手元の商品は配送の業者にお渡しいただけますでしょうか

わかりました
STEP❺ フォロー
ありがとうございます○○様このたびは誠に申し訳ございませんでした今後はこのようなことが起こらないよう十分に注意いたしますわたくし山田と申しますなにかございましたらわたくしまでご連絡いただければと存じます

POINT

名前を呼びかけることで満足感につながります。再度、ていねいなお詫びをし、相手が電話を切ってから切ります。

ケース2
接客に対するクレーム
お電話ありがとうございます〇〇社でございます
おたくの新宿店の人の接客がひどかったんだけどどんな教育しているの？
STEP1 お詫び
さようでございますかご迷惑をおかけいたしまして大変申し訳ございませんでした
STEP2 話を聞く
もしよろしければご来店の日時や具体的な状況をおうかがいしてもよろしいでしょうか
先週の木曜日の夕方17時頃△△さんという30代くらいの女性店員だったと思うけどシャツのたたみ方は雑だし笑顔もないし目も合わせないし最後に「ありがとうございました」もなかったんだよ！怒るのは当然でしょ！
STEP3 状況把握
はい おっしゃるとおりでございます
先週25日の木曜日、夕方17時頃△△という30代くらいの女性店員でございますね
失礼な対応で誠に申し訳ございません
そうだよ！
STEP4 説明・提案
はい、つきましてはすぐに店舗に連絡を取りまして二度とこのようなことがないよう注意いたします。また社内でも再度教育を徹底してまいります

POINT

接客クレームでは「事実」は重要ではない

商品に明らかに不具合があるクレームに対し、接客に関するクレームはお客様の感じ方に関わる問題です。お客様の「感性」を否定することはできないため、その場で全面的なお詫びをします。店員の態度が本当に悪かったかどうかという「事実」の部分でお客様と論争するのは避けましょう。

また、お客様の思いをしっかり受け止めていることを示すため、お客様の名前や連絡先を聞き、改めてお詫びをする姿勢を見せるほうが望ましいです。

クレーム対応フレーズ集

お詫びの言葉

限定的なお詫び

★「ご迷惑をおかけいたしまして、誠に申し訳ございません」

★「ご不便をおかけいたしまして、大変失礼いたしました」

★「ご不快な思いをさせてしまいまして、心よりお詫び申し上げます」

★「お手数をおかけいたしまして、大変申し訳ございません」

★「わざわざお電話をいただきまして、誠に恐縮でございます」

全面的なお詫び

★「誠に申し訳ございません」

★「大変失礼いたしました」

★「心よりお詫び申し上げます」

★「お詫びの言葉もございません」

あいづち

★「はい」

★「さようでございますか」

★「ごもっともでございます」

★「○○でございますか」

あいづち＋同意の言葉＋お詫びの言葉

★「はい、おっしゃるとおりでございます。大変申し訳ございません」

あいづち＋お詫びの言葉＋話の要約

★「さようでございますか。大変申し訳ございません。まだ商品がお手元に届いていないということでございますね」

質問・確認のフレーズ

質問

★「恐れ入りますが、確認をさせていただいてもよろしいでしょうか」

確認

★「それでは、状況を確認させていただいてもよろしいでしょうか」

★「商品が壊れていたということですが、どのような状態だったかを教えていただけますでしょうか」

折り返す場合

★「お調べするのにお時間がかかりますので、30分後にこちらからお電話させていただきたいのですが、ご都合はいかがでしょうか」

相手の気持ちをやわらげる言葉

★「おケガなどはございませんでしたでしょうか」

★「お洋服は大丈夫でしょうか」

★「お部屋を汚してしまうようなことはございませんでしたでしょうか」

クレーム対応のNG

クレーム対応のときに
注意したいのは、
これらの対応を一歩間違うと
二次クレームに
つながるということ。
クレームは「文句」
ではなくお客様の
大事な「指摘」なのです。
「処理する」のではなく
「お話をうかがう」という
スタンスで対応を
しましょう。

NG 相手を長時間待たせる

クレームには迅速な対応が必須。30秒以上の保留は、ますます不信感を募らせます。まずは折り返し電話の提案を。

↓

OK 「詳細をお調べしてから、折り返しご連絡させていただきたいのですが、ご都合はいかがでしょうか」

NG たらい回しをする

たとえ担当部署が異なるとはいえ、電話を何度も回してしまうのはNG。怒っていなかった人でも、イライラしてしまいます。

↓

OK 「申し訳ございません。担当部署から改めてご連絡させていただきたいのですが、よろしいでしょうか」

NG 同じフレーズを連呼する

たとえば、「大変申し訳ございません」を同じ調子で繰り返すばかりでは、かえって誠意がない印象を与えてしまいます。

↓

OK クッション言葉や陳謝の言葉、あいづちの打ち方に変化を付け、会話に奥行きを持たせましょう。

NG 相手の話をさえぎる

「おまちください」「それは」などと話をさえぎるのはNG。話を聞いてくれないと二次クレームになる恐れも。

↓

OK まずはお客様の話を全部聞きます。それが終わってから確認しましょう。

NG お客様を疑う

「そんなはずはありません」「それは本当ですか」というように、相手の話を疑うような発言は慎みます。

↓

OK 「さようでございますか」というように同意、共感しているようなあいづちを打ちましょう。

NG 責任をきちんと受け止めない対応をする

「この件についてはわたくしどもの担当ではありません」と責任回避したり、話を最後まで聞かずに電話を回したりするのはとても失礼です。

↓

OK 「ご連絡ありがとうございます。このたびはご迷惑をおかけいたしまして申し訳ございません。改めて担当者からご連絡させていただきます」

NG 専門的な言葉を使う

自分しかわからない専門用語はNG。わかりにくいだけでなく、相手は馬鹿にされたと不快に感じてしまいます。

↓

OK 説明はなるべく平易な言葉で。

クレーム対応NGワード集

あいまいな言葉

適当に扱われていると感じるほか、誤解を与える原因にもなります。

★たぶん　★だいたい
★もしかすると　★とりあえず
★おそらく　★〜のはずです

友達言葉

ビジネスシーンには似つかわしくない言葉です。

★ちょっと　★すみません
★やっぱり　★ごめんなさい
★でも／だけど　★〜ですよね
★じゃあ　★ええ
★じゃないですか？

不用意な言葉を口に出すとお客様の怒りが増幅・再燃してしまうおそれがあるので要注意

上から目線の言葉

「偉そう」と受け取られると火に油を注ぐことに。

★〜ですかね？　★なるほど
★ですから／だから　★つまり

自信がない言葉

対応者の知識が乏しいと感じ、お客様は不安になります。

★えーっ／えっと
★あのー／あっ
★いやー

逃げの言葉

言い分を真剣に受け止めてもらえていないと感じます。

★そうおっしゃいましても

会社の規則を伝えるとき

NG 会社の規定で／弊社では／原則として／手続き上／基本的に

↓

OK 皆様にそのようにお願いしておりますので、なんとかご理解いただけませんでしょうか。

解説 会社の都合や論理を一方的に押しつけず、依頼形で主張しましょう。

話の内容がよくわからないとき

NG どういうことでしょうか？

↓

OK 恐れ入りますが、〜についてもう少しくわしく教えていただけますでしょうか。

解説 詰問《きつもん》口調は失礼。相手が答えやすい雰囲気づくりを。

説明・提案をするとき

NG 〜させていただきたいと思います

↓

OK 〜させていただきます。

解説 事実の説明や提案はあいまいにせず、きっぱり言い切るようにします。

自分の話を理解してもらえないとき

NG さっき申しましたとおり／ですから…

↓

OK 説明がわかりにくく申し訳ございません。〜につきましては……

解説 お客様を否定・非難してはいけません。

お客様の言うことが明らかに変なとき

NG そうはおっしゃいますが／それは違います

↓

OK さようでございますか。〜ということでございますね。まずは確認を……

解説 お客様の言い分を受け止めたうえで再度きちんと説明し、正しい理解に誘導します。

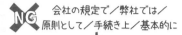

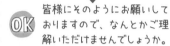

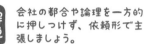

こんなときは上司にバトンタッチ

対応の仕方がわからないとき

お客様の指摘に対してどう答えればよいかわからない場合は、適当な対応をせず、上司や先輩に交代してもらいましょう。

あなたじゃ話にならないから上司に代わって！

「上司を出して」と言われ、取り合ってもらえないとき

いきなり「上司を出して」と言われたら、まずは「恐れ入りますが、ご用件をうかがってもよろしいでしょうか」とお願いします。それでも取り合ってもらえない場合は、すぐに上司に交代を。このタイプのお客様は、決定権のある人と話して早く結論を出したいと考えているため、上司に代わらないとかえって不満が増幅し、それ自体が新たなクレームとなることも。

お客様の興奮状態が続いているとき

お客様の怒りがいつまでも収まらない場合は、上司に交代してもらいましょう。上役が出てくることでお客様の自尊心がある程度満たされ、高ぶった感情が静まりやすくなります。

POINT

折り返し電話は30分以内に

上司に交代する場合、30分ほど時間をいただき、折り返し電話で対応する方法もあります。報告を受けて上司が対応策を考えられますし、お客様のクールダウンにもつながります。事情により30分を超える場合は、30分以内に一度電話をかけて時間の延長をお願いをします。

--- 上司への報告のポイント ---

お客様とのやりとりは時系列で順序立てて報告する

×時×分に〇〇様からお電話がありました
パソコンの受注画面を確認したところ
△△ということがわかり、それについて～と
説明したところ、お客様が
お怒りになり
上司に代わってほしいとおっしゃっています

些細なことでも漏れなく正直に報告する

私の言葉遣いが
失礼だということについても
お怒りのようです

交代してもらったあとはお礼を

クレームは一人で解決できるものばかりではありません。ときには上司や先輩に頼ることも必要です。ただし、上司や先輩に交代してもらったら、話が終わったあとにお礼を言うこと。また、「今の場合は、課長に代わっていただくという対応でよろしかったですか?」「今の場合は、次からどのようにすればよろしいですか?」などと聞き、いずれは自分でも対応するという姿勢を持ちましょう。

迷ったときのクレーム対応

クレーム対応をしているとさまざまなケースに遭遇することがあります。第一に考えることはお客様に不快な思いをさせないこと。ここで紹介することを意識して対応しましょう。一人では手に負えないときは、上司や関連部署との連携が大切になります。

相手のほうがあきらかに間違っているとき

話を聞いているうちに、相手の勘違いによる訴えであるとわかることがあります。この場合、勘違いをさせてしまった責任は会社側にあると考え、低姿勢で話を聞いた上で、やんわりとした口調で、相手の間違いに気づいてもらえるようにつとめましょう。

その際に、「恐れ入りますが、このように対応をさせていただいております」などクッション言葉もうまく挟むと効果的です。

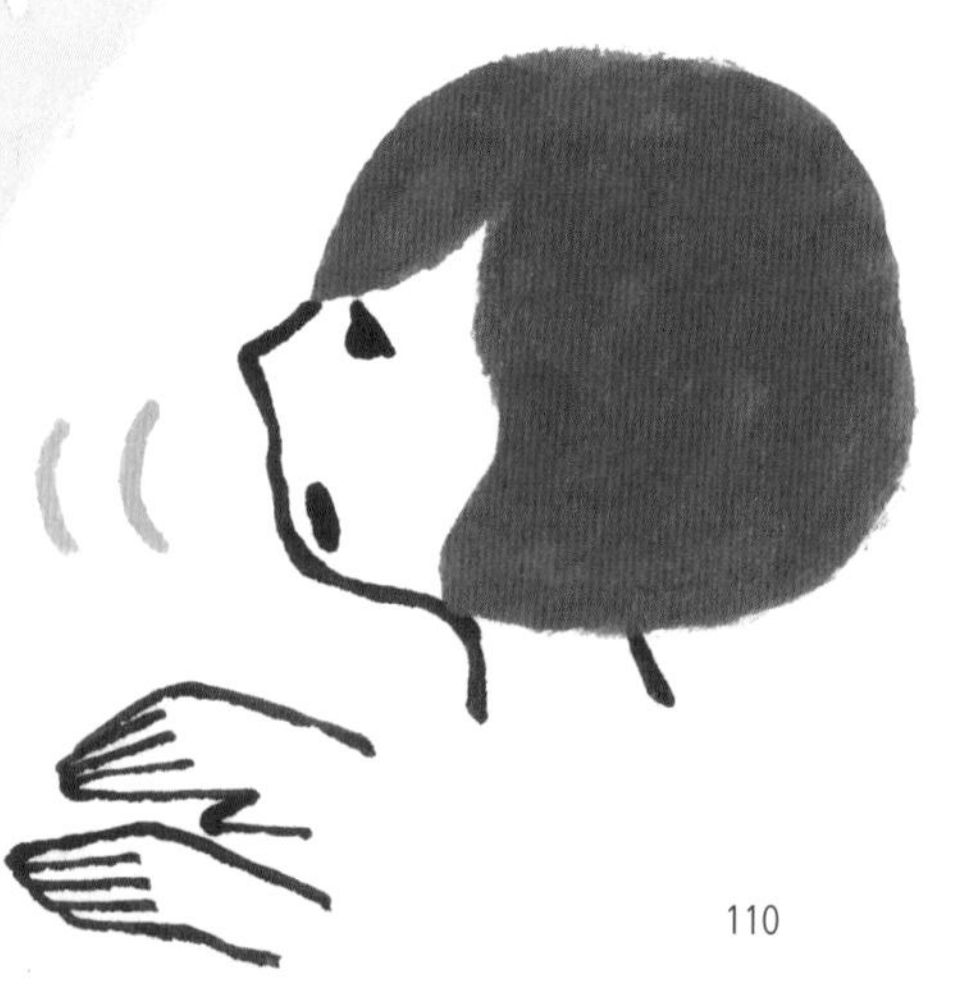

自分にはわからない件でクレームを受けた

無理にその場で答える必要はありません。確認の上、折り返し電話をしましょう。その場で関連部署に取り次げるような状況でも、うまく用件が伝わらなかったりすると、新たなクレームにつながる恐れがあります。「恐れ入りますが、担当者に確認しまして、直接ご連絡をさせていただきたいのですが、よろしいでしょうか」とするのが無難。

不当な要求をされたとき

その要求には応えられない旨を、ていねいな言葉で繰り返し伝えることしかありません。「大変申し訳ありませんが、それにつきましてはご容赦いただいております」や「それにつきましては皆様に〇〇とお願いしております」と対応します。

「社長を出せ」などムリなことを言われた

「わたくしがこちらの責任者として対応しております」と、話を受けます。それでもおさまらない場合は、一旦保留にし、上司や先輩に代わってもらいます。誰もいないときは折り返し電話に。

クレーム対応に必要となるスキルや知識をまとめました。
これらを頭において取り組み、クレーム対応力を高めましょう。

意識と知識面

- □ 相手の立場に立つことを意識している
- □ まず感情としての「怒り」を受け止めることを意識している
- □ 相手の感情に巻き込まれないよう冷静さを意識している
- □ 「説得」ではなく「納得」してもらうことを意識している
- □ クレーム対応が商品の品質向上や会社のファンの獲得につながることを意識している
- □ クレーム対応の流れを理解している
- □ 自社の情報、業務知識、会社の規則を熟知している
- □ クレームの内容は社内で共有し、改善しようとしている

クレーム対応後には気分転換を

クレーム対応ではストレスをためすぎないことも大切。対応後にトイレに立つ、休憩時間に外に出て深呼吸する、あるいは引き出しの中に好きな香りやペットの写真を忍ばせておくなど、自分なりの息抜きの方法を用意しておきましょう。

クレーム対応チェックシート

スキル面

- □ 言葉遣いや保留のマナーなど、電話応対の基本はおさえている
- □ 少し声のトーンを低くし、ていねいで落ち着きのある話し方をしている
- □ すぐに自分から話すのではなく、まずよく聴き、メモをとっている
- □ 相手の怒りがある程度収まってから説明に入っている
- □ 謝辞やあいづちはバリエーションをつけて状況に合わせている
- □ タイミングよく的確に復唱確認をしている
- □ 説明をするときはポイントをおさえ、相手に誠意が伝わる話し方をしている
- □ 折り返し電話で対応する場合は、お客様と約束した時間内にかけている
- □ 専門用語や業界用語を使っていない
- □ 無理難題を言われた場合は、毅然とした態度で要求に応えられない旨を伝えられる
- □ 他部署のことであっても、自分のこととしてとらえて対応している
- □ 担当者をしっかり確認してつないでいる（たらい回しにしない）
- □ 自分で処理できない場合は、無理せず上司にバトンタッチしている
- □ 最後まで責任を持って対応ができている
- □ 報告・連絡・相談・指示・確認をタイミングよく的確に行っている

英語でかかってきたときの対応

英語が苦手なのに、
電話がかかってきたら
あわててしまいますね。
国際化の時代、
そんなことがないとは
限りません。
しかし、すべてを
理解する必要はありません。
要は英語の話せる人に
つなげるための
スキルを身につければOK。
まずは、よく使うフレーズの
パターンを覚え、
落ち着いて耳を
澄ましましょう。

英語を話せる人に電話をかわる

まったく話せなければ、あわてずに「定型フレーズ」で、
まずは話せる人にかわりましょう

「Hello .This is
〇〇Company.」
（こんにちは。こちらは
〇〇会社です）

「Just a moment
please.」
（少々お待ちください）

「I'll get someone
who speak English.
Hold on please.」
（英語を話せる者と
かわりますので、
少々お待ちください）

! POINT

英語がわかるときは日本語と同様に対応

英語が聞き取れるようなら、直接担当者に取り次いでみましょう。要は、名前を確認すればいいのです。これは、日本語の電話と同じ。話したい人の名前を聞いて、復唱して取り次ぎます。聞き取りにくければ、「Please speak more slowly.」とゆっくり話してもらいます。

覚えておきたい英単語&フレーズ

ビジネスシーンで使われる単語やフレーズを紹介します。

英語を上手く話すことはできなくても、単語一つを知っているだけで、外国の方への対応力がグッと上がります。

ビジネス会話に使える英単語

会社 → company/corporation
顧客 → customer
お得意様 → client
上司 → boss
担当者 → person(staff) in charge
部 → division/Department
人事部 → Personnel Department
Human Resources Department
Personnel Section
営業部 → Sales Department
海外部 → Overseas Department
International Department
会議 → meeting
在庫 → stock
約束 → appointment
注文 → order
契約 → contract
見積もり → estimate
請求書 → bill

----英語の簡単フレーズ----

はい、○○社です
Hello. This is ○○ company.

お名前を教えてください
May I have your name, please?

ゆっくりお話しいただけますか
Please speak a little more slowly.

もう一度お話しいただけますか
I beg your pardon.

少々お待ちください
Hold on, please./
One moment, please.

誰におつなぎしましょうか
Who do you wish to speak to?

ただいまおつなぎします
I will connect you to him/her.

お名前のスペルを教えてください
Could you spell your name, please?

ただいま彼は席にいません
I'm sorry, he is not at his desk.

ただいま彼女は外出しています
I'm sorry, she is out of her office.

対応のポイント!

★英語の電話を受けたら、無理せずに英語のわかる人に電話をかわる!

★英語は日本語よりもYES/NOをはっきりさせないとダメ

★「Sorry」と簡単に謝るのはNG!

★ていねいにしたいときは、「Please」をつける

セールス電話がかかってきたときの対応

オフィスには会社の
通常業務とは関係のない
さまざまな営業の
電話がかかってきます。
必要なものもありますが、
不要なケースも多々あり、
会社によっては、
断ることのほうが
多いかもしれません。
ていねいな言葉で
「いらない」という
意思をきっぱりと
伝えることが大事です。

お断りフレーズ

「あいにくですが、わたくしどもではけっこうです」
「申し訳ございませんが、すべてお断りしております」

クッション言葉を使うと言いやすくなる！

きっぱりと断るのは鉄則ですが、実際はなかなか言いにくいもの。「あいにくですが」「申し訳ございませんが」などのクッション言葉を使えば、断りの文句もやわらかい印象に変身。

NG

あいまいな返事はしない

「いま忙しいから」とか「担当者は席を外している」というような断り方では、また電話をかければいいという気にさせてしまいます。何はともあれ「不要である」ことを伝えます。

上司から断るように言われていないセールスは？

断るようにと言われていないものは、勝手に判断せずに、上司に判断をあおぎ、返事をします。もし、不要ということで断りを入れたときは、次回も不要かどうかを上司に確認しておきましょう。

間違い電話、イタズラ電話への対応

間違い電話の対応「ムッ」は禁物

忙しいときなどに限ってある間違い電話。思わずムッとしてしまいがちですが、相手は未来のお客様かもしれません。誰に対しても、気持ちのいい会話をしたいものです。

間違い電話ということを伝え、「すみません、間違えました」と言われたら「はい、失礼いたします」と返しましょう。

NG

何番におかけですか？

つい言ってしまいがちなフレーズですが、これでは応答に時間がかかります。また不要な個人情報がいきかいますので避けましょう。下記のようなフレーズを使って。

「わたくしどもは〇〇社と申しまして、電話番号は03-0000-0000です。お間違いございませんか？」

「申し訳ございません、
お声がこちらに届かないようですので、
お電話を切らせていただきます。
失礼いたします」

無言電話には　ていねいに確認を

電話口から声が聞こえないからといって、イタズラの無言電話とは限りません。

電話を取ったとき無言だったら、まずは故障などのトラブルという姿勢で、ていねいに応対します。

「こちらは○○社の営業部でございます」と2回名乗っても返事がなければ、電話を切るという旨を伝えてから切ります。

POINT

しっこいイタズラ電話や無言電話には

あまりに繰り返し無言電話などがかかってきて、業務に支障をきたす場合は、上司に相談し、対処してもらいましょう。

電話応対のよくある悩みを解決！

Q 電話の声が途切れて話が通じない

A 「申し訳ございませんが、声がときどき途切れております。わたくしの声は届いておりますでしょうか」と相手の状況を確認した上でかけ直します。電話番号がわからない場合は、番号を聞きます。

Q 休日に電話をするときはどうする？

A 緊急の電話であれば「お休みのところ申し訳ありません」と入れましょう。休暇中に連絡する可能性があるとわかっているなら、あらかじめ電話をしてもいいかどうかの確認をしておいてもいいかもしれません。

Q 携帯電話で電話をしたが途中で電池が切れてしまった

A まずビジネスパーソンたるもの携帯電話からかけるなら、電池残量を確認しておきましょう。緊急の場合なら、あらかじめ「申し訳ありません電池の残量が少ないので、手短に申し上げます」と詫びておきます。

Q 入社したてで、取り次ぐ相手の名前に自信がない

A 遠慮なくまわりの人にききましょう。「すみません。○○さんはどちらの方でしょうか？」。あとは座席表などを用意して、できるだけはやく名前と顔を覚えるのみ！

Q 急な用件だが今は夜、どうしよう？

A 急ぎの場合、9時くらいまでならかけてもいいでしょう。ただし、10時以降は急ぎと言うよりも緊急の用件のみ。「夜分に申し訳ありません、緊急の事態で……」と断って連絡します。

Q 対応中に席を外していた名指し人が戻ってきた

A 「恐れ入ります。ただいま○○が戻ってまいりましたので、電話をお取り次ぎさせていただきます」と言ってさっとかわりましょう。よくあるケースですが、本来の名指し人に取り次ぎができるので失礼にはなりません。

印象アップのビジネス用語変換

単語	ビジネス用語
ちょっと	少々
とても	大変
さっき	先ほど
すぐに	さっそく
後で	後ほど
前に	以前
すごく	非常に
本当に	誠に
じゃあ	それでは
いま	ただいま
今度	このたび
この間	先日
どのくらい	いかほど

Part 5

基本のビジネスコミュニケーション

対面でのコミュニケーションは、
声と言葉にビジュアルなどの
要素も加わったもの。
相手が社内でも社外でも、
相手を尊重することで
円滑な関係が生まれます。

ビジネス会話のポイント

打ち合わせ、商談など
ビジネスシーンでは
人と話す機会が
多くあります。
ビジネスパートナーと
信頼ある関係を築くために
コミュニケーションの
スキルが大切になります。
まずは、「話すとき」
「聞くとき」のコツを
おさえておきましょう。

話しかた

声の大きさや話すスピードに配慮

声の大きさや、話す速さを、目の前の人の表情を確認しながら微調整して話しましょう。

話しかた

伝えたいことを明確に

伝えたいことを正確に伝えるのが、ビジネス会話の目的です。結論は最初と最後に繰り返す、要点を整理してポイントをゆっくり説明しましょう。

話しかた　聞きかた

相手の目を見て会話を

アイコンタクトは対面の基本です。目の前にいるのに、書類ばかり見ているのはNG。アイコンタクトが苦手な場合は、肩や首などに視線を移すだけでも印象が異なります。

話しかた 聞きかた

相手の反応を見ながら話す

一方的にならないように、相手のリアクションをよく観察しましょう。うなずきやあいづちなどの、こまかなアクションをくみ取るのがポイント。

話しかた

正しい敬語と適切な言葉を使う

ビジネスでは敬語などの正しい言葉遣いは必須です。尊敬語と謙譲語の取り違い、二重敬語などは要注意です。

聞きかた

話を最後まで聞く

話の途中で、質問や意見などをして遮らないで、相手が話し終わるまで聞きましょう。

話しかた 聞きかた

不明点は必ず確認

話の内容でわからないことがあったり、声が聞き取りにくかったりしたら、タイミングを見計らって必ず確認します。話すほうも、不明点がないか確認を。

話しかた 聞きかた

距離感を大事に

たとえプライベートで親しくなっても、上司や先輩、取引先などには敬語を使いましょう。本人同士はよくても、周囲では嫌悪感を持つ場合も。

初対面でのあいさつ

ビジネスシーンでは第一印象がその人の評価につながります。印象のよいあいさつのコツを学びましょう。

「初めまして（一度切る）
わたくし、〇〇と申します
このたび〇〇部に配属されました
〇〇の資格を活かして
お役に立てるように努力いたします
よろしくお願いいたします」

鏡の前で事前チェック

服装や髪の毛が乱れていないか確認しましょう。笑顔を作ったり、口を動かしてみると緊張もほぐれます。

自己紹介のポイント

あいさつで第一印象をUP

明るくさわやかなあいさつで、第一印象がぐっとよくなります。最初の「初めまして」の一言に、心を込めましょう。

緊張するけれど笑顔をキープ

初めての人に会うときは、笑顔が大事。意識的に口角を上げて微笑むと印象がグンとよくなります。

ダラダラ話さない

自己紹介は、名前に軽い自己アピールにとどめましょう。ハキハキと聞き取りやすい話し方で、30秒以内にまとめます。

口調はゆっくり

緊張するとどうしても早口になってしまいます。普段よりゆっくりとした口調を意識して話しましょう。

目線はS字 or Z字

大勢の前で自己紹介するときに落ち着いて話すには、視線をゆったりとS字またはZ字を描くように動かします。

アピールポイントを一つ入れる

話せそうな雰囲気なら得意なことや意外な趣味などのアピールポイントを一つ入れても。

あいさつのポイント

元気で明るいあいさつは、その人の印象がよくなるだけでなく、周囲も「元気」を共有し、モチベーションアップにつながります。

あいさつのポイント

1. まず自分からあいさつ！
2. 相手の目を見て、笑顔で元気よく
3. 一言をプラスする
（「今日は暑いですね」
「先日はありがとうございました」など）

POINT

少し離れた位置で会ったときはあいさつを2回！

社内の上司や先輩と、廊下などで出会ったら、まず目が合ったその場で会釈をします。その後、すれ違う際は立ち止まって「おつかれさまです」とあいさつして、会釈しましょう。

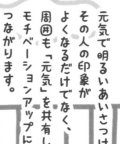

お辞儀のポイント

お辞儀は上体を傾ける角度によって、軽いあいさつの会釈（15度）、普通のお辞儀である敬礼（30度）、ていねいなお礼やお詫びのときの最敬礼（45度）と3つのランクに分かれます。

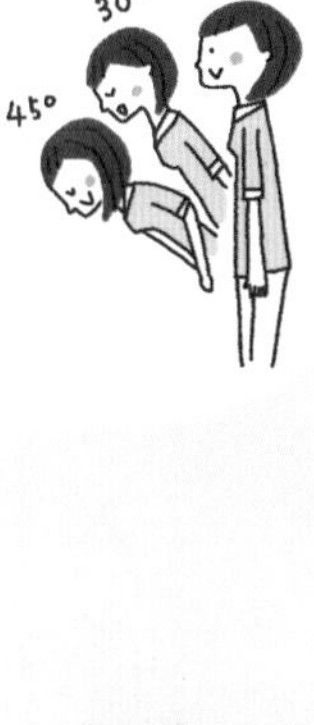

自社内で社外の人と会ったとき

会社内で社外の人と会ったときにもあいさつをします。面識がないからといって声をかけないのは失礼な行為です。

「お世話になっております」

NG

「お世話さまです」

「お世話さまです」には「ご苦労さま」という意味合いが強いので、取引先や目上の人には使いません。

日常のあいさつ

社内の人と円滑なコミュニケーションをとるには
まず、あいさつが大切。朝、昼、夜など
シチュエーションによって使い分けましょう。

出社時

■朝〜午前11時ごろ

「おはようございます」

その日初めて会ったときにあいさつします。11時前の2回目以降のあいさつや11時以降に初めて会ったときは**「おつかれさまです」**です。

あいさつに対して
「おはようございます」
と返します。

■長時間離席するとき

「○○に行ってまいります」

POINT

タイミングも大切

きちんとしたあいさつは基本ですが、特に忙しそうにしているときには軽くあいさつをする程度でも大丈夫です。

離席・外出時

■昼休みに入るとき
「昼食に行ってまいります」

■外出するとき
「○○まで行ってまいります」
あいさつに対して
「行ってらっしゃい（ませ）」

■出先から戻ったとき
「ただいま戻りました」
あいさつに対して
「おつかれさまです」

退社時

■退社するとき
「お先に失礼いたします」
「失礼いたします」
あいさつに対して
「おつかれさまでした」

POINT

社外で会社の人に会ったときはどうする？

仕事中なら
「おつかれさまです」と通常のあいさつをかわします。

プライベート
「おはようございます」「こんにちは」「こんばんは」など状況に合わせたあいさつを。一緒に人がいる場合は紹介しておくほうがベター。

正しい敬語を話して信頼を得よう

言葉遣いによって
人の印象が左右されます。
状況に合わせて
敬語を使い分け、
流暢に話すことができれば
信頼感がアップします。

POINT

言葉遣いのポイント

- 敬語や敬称を正しく使う
- シーンに合わせた言葉遣いをする

上司に話しかけるとき

○「いま少々お時間、よろしいですか？」

×「いま少々お時間、いいですか？」

上司に対しては「いいですか」は失礼です。「よろしいですか」と敬意を表しましょう。

上司に書類を見せるとき

○「これでよろしいでしょうか？」

×「これでおわかりになりますでしょうか？」

上司に対して、相手を試すような物言いはNG。

訪問先で

○「○○部の田中様と15時のお約束でうかがいました」

×「○○部の田中課長様と15時のお約束でうかがいました」

ていねいにしようと思うあまりに様と敬称の両方をつけてしまうのはNG。

こんな若者言葉使っていませんか？

多くの年代の人がともにはたらくビジネスシーン。若者に特有の言葉や流行語をそのまま使うのはNGです。

～でいいです

× 「メニューはそれでいいです」

○ 「メニューはそれでお願いします」

～のほう

× 「資料のほうを用意しました」

○ 「資料を用意しました」

よろしかったでしょうか

× 「この商品でよろしかったでしょうか？」

○ 「この商品でよろしいでしょうか？」

～的には

× 「弊社的には、あまりメリットがないように思われます」

○ 「弊社としては、あまりメリットがないように思われます」

～じゃないですか

× 「新幹線の新しい座席があるじゃないですか。とても座り心地がいいですよ」

○ 「新幹線の新しい座席は、とても座り心地がいいですよ」

～とか

× 「休日には映画とか見て過ごしています」

○ 「休日には映画を見て過ごしています」

【名刺交換をする】

1 名刺の準備

外出時は、常に名刺をバッグの一番取り出しやすいポケットに入れておきましょう。

2 自己紹介をして名刺を差し出す

名刺を名刺入れの上に載せ、簡単な自己紹介をします。順番は目下側、もしくは訪問をしたほうが先です。左手で名刺入れを持ち、右手で名刺を差し出します。

わたくし○○社の
○○と申します
どうぞよろしく
お願いします
よろしく
お願いします

POINT

交換前の名刺チェック

取引先とのファーストコンタクトである名刺交換。失礼のないように、下の項目を事前にチェックしておきましょう。

- □名刺に折れや汚れなどはないか
- □名刺の枚数は足りているか
- □名刺入れはビジネスシーンにふさわしいか
- □すぐに取り出せるか

3 名刺を交換する

自分の名刺を相手の名刺入れの上に載せ、同様に相手の名刺を受け取ります。その際「頂戴いたします」とお礼を言います。

4 名刺を確認する

受け取った名刺は両手で持ち、「○○様ですね」と名前の確認をします。

相手の名刺が縦型の場合、自分の名刺入れを縦向きにして受け取ります。

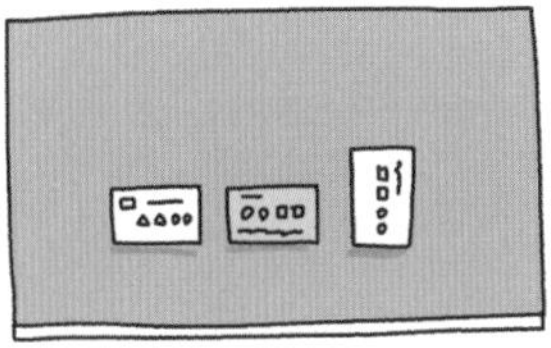

席に着いたら、名刺をテーブルに置きます。相手の席順と合わせて名刺を並べると、名前忘れ防止になります。

POINT

名刺をしまうタイミングは？

打ち合わせ中、テーブル上に名刺を並べていたら、打ち合わせが終わったときにしまいます。紹介だけの場合はすぐ名刺入れにしまいましょう。

名刺を差し出すときの注意点

部屋が狭いときなど、いすに座ったままテーブル越しに名刺交換をする人がいますが、これはマナー違反。名刺交換をするときは、きちんと立ち、テーブルをはさまずに差し出します。

来客の対応

会社に訪れたお客様は、自分自身のお客様だと思って、ていねいに接するのが基本。ここでは来客対応、エレベーターでの案内の仕方を覚えましょう。

来客の対応をするときのポイント

まずは、「いらっしゃいませ」「お世話になっております」、約束が入っていることが確認できたら「お待ちしておりました」と声をかけます。

❶会社名と氏名を聞く

「恐れ入りますが、会社名とお名前を教えていただけますでしょうか？」

❷指名者を確認

「ご訪問先の部署と担当者名をお聞かせいただけますでしょうか」

❸約束の有無の確認

「恐れ入ります、何時にお約束をいただいておりますでしょうか？」

と3つのポイントを尋ねます。

エレベーターで会ったら

エレベーターでは目下が最初に乗り込んで、行き先ボタンを押すのがマナーです。まず「お先に失礼します」と言って先に乗り、操作盤の前に立ち、行き先ボタンを押します。お客様は奥に立ってもらい、降りるときはお客様が先です。

同乗した人がたまたま同じ階に用がある場合は、「お先にどうぞ」と言って先に降りてもらいます。その後「○○部はこちらでございます」と案内をするとより親切です。

訪問者から内線に連絡がきたとき

受付に電話がある場合、訪問者から直接内線がかかってくることもあります。「お世話になっております。3階のエントランスでお待ちいただけますか。すぐにまいります」と、どこで待っていればよいのかを具体的に案内します。

! POINT

接客に使う8大あいさつ!

「いらっしゃいませ」
「かしこまりました」
「少々お待ちくださいませ」
「恐れ入ります」
「お待たせいたしました」
「申し訳ございません」
「失礼いたします」
「ありがとうございました」

正しい来客対応

①正しいお茶の置き方

日本茶

湯のみの模様が、お客様からよく見える向きに置きます。模様がない場合は、向きは関係ありません。また、茶たくと湯のみはセットで出しましょう。

カップ&ソーサー

お客様の左側に、カップの持ち手がくるように置きます。スプーンはカップ手前で、持ち手を右向きにします。砂糖やミルクはカップの奥側。

プラスチックカップ

カップの持ち手はお客様の左側に。マドラーや砂糖、ミルクは、小さめのガラスのカップにまとめて出すときれいです。

②席次の基本

応接室

基本は入り口から遠い席から上座になります。長いすに3人以上で座るときは真ん中が上座。景色がよく見える席があればそちらが上座に。

タクシー

運転手の後ろが上座。後ろに3人座るときは真ん中が下座です。身内が運転する場合は助手席が上座になります。

Part 6

仕事がうまく進む会話術

仕事を進めるには、
伝えたいことを正しく伝える
コミュニケーション力が必須。
コミュニケーションの「基本」に
ちょっとした思いやりを
加えることで、仕事がさらに
スムーズに進行するはず。

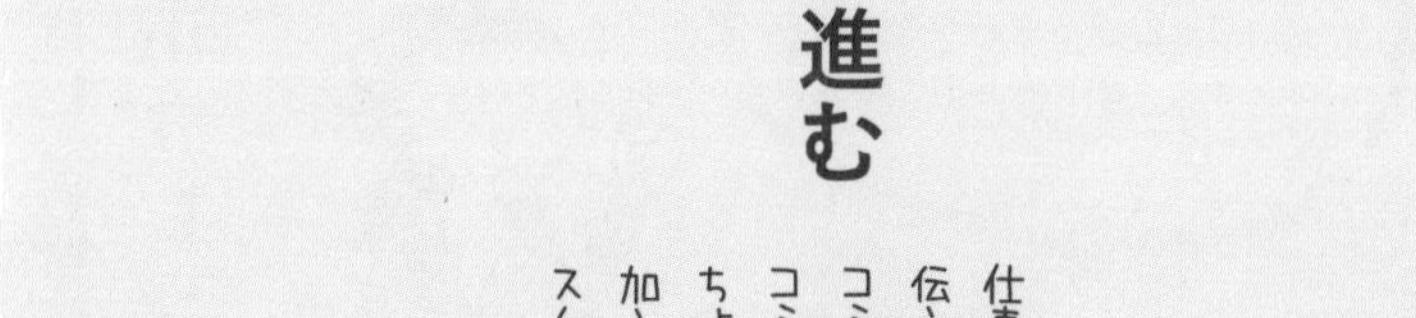

仕事を円滑にするホウレンソウ

ホウレンソウとは「報告・連絡・相談」の頭文字をとったもの。会社の仕事はいわばチームプレー。「報告（ホウ）」で状況を把握し合い、「連絡（レン）」でこれからの情報を共有。「相談（ソウ）」して知恵を出し合うことで仕事が円滑に動きます。

報告

仕事の進捗状況や結果を伝えること。誰でもわかる形にまとめて、聞かれる前に率先して伝えることがキホン。

連絡

仕事の今後についての伝達です。細かいことも逐一伝えておくことで、情報を滞りなく共有でき、不要なトラブルが防げます。

相談

問題解決に向けて、意見を聞くこと。不明点や疑問は早めにクリアにしておきましょう。

ホウレンソウのポイントはこれ！

なるべく詳細に伝える

新人だと、どこまでを報告すべきかを迷いますが、まずは、事細かに伝えてみます。

詳細は書類で

細かな報告や連絡は口頭では時間もかかる上、伝わりにくいものです。概要は口頭で、詳細は書面で伝えることもできます。

問題点は整理しておく

報告、連絡、相談するときは、困っているのはどこか、何がわからないのかなど、わかるように整理して話しましょう。

定期的に伝える

たとえ仕事が順調に進んでいても、進捗や今後の予定などは定期的に報告、連絡しましょう。

要点をもらさず簡潔に！

5W3H（▶▶P54）を念頭に要点をまとめて、大事なところはもらさずに伝えます。「結論」→「理由」の順に話すとスムーズ。

事実と自分の意見を分ける

報告や連絡に際して、まず事実を客観的に伝えましょう。自分の考えは「わたくしの意見ですが」と、一言添えます。

相談は早めに！

そのときはささいなことだと感じていたことが、後で大きな問題になることがあります。迷ったらすぐ相談を！

報告の仕方

報告の流れ

的確に相手に伝えるためには、報告の流れをつかむことが大切です。

1. 最初の一言

「〇〇についてのご報告があります。お時間よろしいでしょうか」

まず、何に対する報告がしたいのかを提示し、上司の都合を確認します。

2. 結論を先に

「〇〇について、現在順調に進んでいます」

最初に結論を述べるのがセオリー。結論の後で内容を説明することで要点がわかりやすくなります。

3. 具体的内容

「その内訳は〇〇と△△です。その原因としては……」

結論を説明するための具体的な内容や原因を、一つずつ説明します。

4. フォロー

「以上です。また動きがあり次第ご報告いたします」

定期報告に加えて、仕事に動きがあった、終わったなどのタイミングで報告します。

NG

「それについては、おそらく大丈夫だと思います」

「おそらく」「たぶん」などのあいまいな物言いや憶測は NG です。見通しを言うときは必ず資料などの裏付けが必要です。

報告の「困った」の対処法

ミスをしてしまったので報告しにくい

トラブル発生時こそ、いち早い報告が大切です。報告が遅れると、対応が遅れ、さらなるミスにつながります。原因や理由の説明は必要ですが、言い訳はNG。すばやく報告をするのが、社会人としての原則です。

上司が忙しくて声をかけるタイミングがわからない

急ぎの場合は「お忙しいところ、申し訳ございません。○○の件で至急ご報告したいことがございます」と、時間をとってもらいましょう。急ぎでなければ、書類を渡して、時間のあるときに目を通してもらっても。

上司の機嫌が悪いので言いにくい

機嫌が悪くても伝えるべきことは伝えなくてはなりません。「恐れ入ります。○○の件でご報告したいのですが、どこかでお時間をとっていただけないでしょうか」と落ち着いたタイミングで時間をとってもらい、用件を正確に伝えます。

「そんなことまで報告の必要はない！」と言われたら

どこまで報告が必要かの境目は、上司によって異なることもあります。しかし、トラブルが起こってからでは遅いのです。細かな報告をした上で仕事を進めたいという姿勢で、「あなたに任せる」と言われるまで、今後も報告を続けてみましょう。

連絡の仕方

仕事は細かな連絡が積み重なって進んでいきます。常に細かな連絡を怠らないことが大事です。

外出するとき

「あさって13日水曜日の14時から〇〇社で△△について打ち合わせに行ってまいります。帰社予定は17時です」

目的と行き先、帰社予定を上司や周囲の人に伝えておきましょう。

帰社時間が遅くなるとき

「打ち合わせが長引いてしまい、戻る時間が予定より30分ほど遅れそうです」

帰社時刻が予定より遅れそうな場合は、必ず一報を入れます。

直行の連絡

「明日は、10時から〇〇社で打ち合わせです。直行させていただいてよろしいでしょうか？」

出社せずに直接取引先などに出かける「直行」は、事前に上司に許可をもらうのがキホン。

同行予定の人に日程の連絡

「○○社との打ち合わせですが、来週水曜日 13 日で調整を進めさせていただいてよろしいでしょうか？」

まず日時と目的を明示します。もちろん事前に都合のいい日を聞いておきます。

約束に遅れるとき

「大変申し訳ございません。会議が長引いたため、予定よりも 20 分ほど遅れてしまいます。お待ちいただいてもよろしいでしょうか？」

遅刻しそうなことが判明したら、即連絡を入れます。お詫び、遅刻理由、時間、変更のお願いの順で話します。

直帰の連絡

「本日○○社との打ち合わせが終わりましたら、何もなければこのまま直帰させていただいてもよろしいでしょうか？」

外出先から帰宅する直帰の場合も、事前に上司の許可を。

＊ 相談内容を自分で考えて整理しておこう

困っていること
どうしたいのか
何を聞きたいのか
自分としてはどう思うのか

「わかりません。どうしましょう？」という漠然とした質問はＮＧ。何に困っていて、どのようにしたいのかを整理して伝えましょう。

＊ 自分で解決できない悩みは、まず上司に相談！

迷っていたら、勝手に判断せず相談してみることです。相談することで、アドバイスをもらえるだけでなく、仕事の進捗状況を上司と共有しやすくなります。

＊ 事後報告も忘れずに

あら
いいのよ

相談をした後はきちんと報告。「先日ご相談に乗っていただいた件、おかげさまで、その後～となりました。ありがとうございました」

「先輩に相談したおかげでうまくいきました」

✳ プライベートや深刻な話は勤務時間外に

勤務時間中は公私混同は避け、質問は業務内のことに限ります。誤解を招かないよう、あらかじめプライベートの相談である旨を伝えておきましょう。

✳ 相談にはタイミングが大事

上司や先輩に相談するときは、忙しいときや食事中、外出直前などは避けましょう。

よし
休憩！

✳ クッションとなる言葉を前置きに入れよう！

「いま、よろしいでしょうか？」

「恐れ入りますが……」

「お時間いただいても
よろしいでしょうか？」

「突然のお願いで恐縮ですが」

「お忙しいところ
申し訳ございませんが」

✳ 相談のフレーズ

（前置き）
「恐れ入ります。いま、お時間よろしいでしょうか」

＋

（相談内容）
「現在担当している～のことでご相談したいことがあります。」

＋

（お願いはていねいに！）
「お時間いただけますでしょうか？」
「～していただけないでしょうか」という、疑問形にしてより敬意を払いましょう。また、「自分としては～と考えているのですが」と自分なりに考えていることも伝えます。

前置き→
相談内容の
順で話しま
しょう

緊急時の連絡はこうする！

会社を休んだり遅刻したり、早退してしまうことは誰にでもあります。そんなときは、まず自分で連絡を入れることです。あわせて仕事の進捗を報告、次に出社した際、お詫びを言うのを忘れずに。

病欠の連絡

始業10分前までに、電話で「風邪で熱が下がりません。申し訳ございませんが、本日は休暇をいただきたいのですが」と、休暇の具体的な理由を伝えます。会議などの予定があるときはあわせて伝えましょう。

上司が不在なら伝言し、改めてかけ直します。最近はメールで対応する会社も増えました。慣例に合わせましょう。

後日、「急にお休みをいただきご迷惑をおかけしました」の一言を忘れずに。

遅刻の連絡

・寝坊の場合

まずは「申し訳ございません、寝過ごしました」と、遅れる旨と理由、出社時間の見通しを伝えます。

・交通遅延の場合

遅延の状況と出社予定時刻を伝えます。この場合は、さわがしくても駅のホームから携帯電話による連絡もやむをえません。状況によってさらに遅くなるときも一報します。

また、連絡済みであっても、交通機関から「遅延証明書」をもらうのを忘れずに。

普段から複数の通勤ルートを考えておくと、とっさのときに少しでも早く出社できます。

外出時の戻りが遅くなったとき

理由と戻り時間を伝えます。「申し訳ございません。打ち合わせが長引きまして、戻りは○時頃になります」と連絡を入れること。他のアポイントメントに支障がある場合は、同様の連絡をして謝罪します。

POINT

急な早退の申請

体調が悪くなったり、家族の急用などで、早退する必要ができたら、すぐに上司に理由を伝えて、早退の許可を得ます。その際は、仕事の報告、連絡、相談をすませてから会社を出ましょう。

指示を受けたときの受け答え

〇〇さんと△△さん ちょっと仕事を 頼みたいんだけど……
OK
はい! なんでしょう
NG
なんでしょうか
…
明日のお昼すぎ までにこのデータ を2人で手分け して整理して ほしいのだが たのんだよ
多い!
デーン
OK
かしこまりました 終わらせるよう がんばります 明日の13時 までに お持ちします
NG
やってみますが この量ではたぶん 無理です
ダラ ダラ
こんなに たくさん イヤだよね〜
お仕事だから がんばる!
バリ バリ
次の日
部長、お待たせ いたしました!
ありがとう

指示を受けたときのポイント

明るい返事をする

相手のほうを向いて「はい!」と明るく返事をするのが基本。メモと筆記具を持ってデスクの前に行って「お待たせいたしました」と、指示を受けましょう。

最後に確認

仕事の内容の説明を聞いたら、たとえば「では、この企画書を○時までに○部コピーをとって会議室にお持ちいたします」と、指示の内容を確認します。

指示は快く受ける

社員にとってはすべてが大切な仕事。それぞれの仕事には意味があると考え、まずは上司からの指示を快く受けましょう。仕事が重なっている場合はその旨相談を。

話はさえぎらずに最後まで聞く

上司が話しているときに話を中断するのはNG。わからないことがあればメモをしておき、話がすべて終わってからまとめて聞きましょう。

NG こんなワードは禁句!

「ムリ」「イヤ」など感情的な言葉はNGです。できない理由を客観的に説明できないのでは、受け入れてもらえません。

POINT 日付や数字は復唱して間違い防止

聞き間違いや言い間違い、勘違いが生じやすいのが日付や数字。間違い防止も兼ねて、復唱して確認しましょう。日付は曜日を入れて復唱します。

部下・後輩を指導する

部下に対しては
モチベーションを保って
もらうための工夫も必要です。
ポイントは「ほめること」。
いいところをほめることで
自分では気づいていなかった
ことが重要なことだと
意識できます。

【部下指導のポイント】
・仕事ぶりをきちんと評価する
・達成感があると
モチベーションがアップ
・仕事の重要性が
わかると責任感が持てる

やる気を出させる一言

作ってもらった
資料のおかげで
会議もスムーズ
だったわ！

感謝を伝える

いつもありがとう

自分が役に立っていることがわかるとうれしいもの。行動したことをすぐにほめられることでやる気アップにつながります。

よいところは具体的に

「〇〇さんの書類はいつも要点がよくまとまっていていいね」

いいところは具体的に指摘してほめてあげると、より励みになります。評価されているポイントがわかり、よく見られていると実感することができます。

小さなことでもほめる

「資料を準備してくれてありがとう」

当たり前に思えるようなことでも、部下の能力に見合った内容でほめることが大切。「これからもお願い」などと期待を表す一言をプラスすることも忘れずに。

部下を注意するときのポイント

叱るだけでなくフォローする

ときには厳しい指導も必要です。ただし、最後までガミガミ、ねちねち怒っていては逆効果。最後に「期待しているからね！」とフォローしておきましょう。

感情的にならない

ミスの報告を受けたり、「あれ？」と思うことがあったら、まずは理由を聞きましょう。話すうちに自分から原因に気がつければGOOD。

時間を区切る

注意や指導が長く、同じ言葉の繰り返しになると、聞いているほうも途中から不快感を抱いてしまうことも。短い時間であっさりと注意して後には引かないことを意識。

POINT

部下を伸ばすための一言

成長してほしいからと、つきっきりで指示したり教えたりすることは長期的には逆効果。むしろ一歩引き、「常に目標を持つ」「自分なりに考える習慣を身につける」など、物事に取り組む姿勢を伝えます。

目標を持たせる

「基本の業務ができるようになれば、社外提案のアイデアも考えてほしいわ」

常に考える習慣をつけさせる

「どうして書類の数字が間違っていたのだと思う？」

打ち合わせでの話し方

「さっそく」など切り出しワードを使って話す

「ところで」「さっそくですが」「本日おうかがいしました○○の件ですが」というように、本題に入りましょう。訪問先では、相手が話の流れを進めるケースが多いよう。

しながら話す

事前に準備した書類をもとに打ち合わせをするのがスマート。内容を共有しやすいだけで

デメリットまで解決する提案を

メリットばかりをアピールすると、逆にうさんくさく感じられかねません。マイナス面を伝え、それを克服する案も添えることで、より提案が魅力的になることもあります。

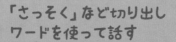

重要項目をきちんと確認する

打ち合わせのどこかの段階で、予算、決定者、条件、納期など、必要な重要事項について、はっきりと内容を確認することが必要です。最初の段階よりも提案内容に相手が乗り気になってからのほうがスムーズです。

○○のことですが
変更なしでよろしい
でしょうか？

書類を共有

なく、書類を指で示しながら話すと、より理解が進みます。

判断できないことに安易な返事をしない

わからないことや判断ができないことがあったら、安易に「わかりました」とは言わないこと。再度説明を求めたり、「上司に確認をします」と言って持ち帰りましょう。

わかりやすい説明のコツ

話す内容を十分に理解しよう

わかりやすく話すためには、まずは説明する内容を深く理解しておくことです。相手の疑問にも臨機応変に対応ができ、十分な説明ができます。

接続詞を活用しよう

「…で〜、…するので〜」というように切れ目なく続く説明は、メリハリがなくわかりにくいもの。「…です。ですから、〜」と、接続詞で一文を短く切ると、わかりやすくなります。

ちょっとした工夫でわかりやすく

説明には、具体例を挙げるなど相手が想像しやすくすることで、わかりやすくなります。「少し」「けっこう」のように幅のある表現は避けるほうがベター。

まずは結論から話す

「結論」を先に提示してから「理由」を説明するのは、ビジネスの基本です。最初に大枠を提示した上で進めることで、道筋がシンプルになります。

順序よく話そう

話す順番を決めておくことで、説明が散漫になりません。話の流れは、全体から細部へ。聞き手は、大枠を理解してから細かな内容を伝えられると、正確に理解がしやすくなります。

結論の根拠をしっかり伝えよう

説明にあたって根拠が必要です。あいまいな見通しや、希望的な観測では、ビジネスは進みません。必要に応じて資料を用意します。

表情豊かに演出しよう！

対面での説明は、表情もコミュニケーションツールの一つです。内容に合わせて表情も加えることで印象に残りやすくなります。

【質問をする】

質問する相手のタイミングを考える

相手の状況を見極めてから声をかけるのがマナー。「〇〇についておうかがいしたいのですが、いま、5分ほどお時間よろしいでしょうか？」と、所要時間を添えればよりていねいです。

NG 何度も同じことを聞かない

同じ質問を何回もするのは、理解力を疑われるだけでなく、失礼です。指示を受けるときや、話を聞くときは、しっかりメモをしましょう。

「お時間よろしいでしょうか」

自分の意見もつけ加える

「わかりません。どうすればいいですか？」というように漠然とした問いはNG。自分がどこまでわかっているかを整理した上で自分の考えも付け加えましょう。

「わたくしは〇〇だと思いますが、課長のお考えはいかがでしょうか」

聞きにくいこともはっきりと

まわりくどい言い方は相手に伝わりにくく、誤解をうみがち。「恐れ入りますが、おおよそのご予算を教えていただけますか？」と聞きにくいことでもはっきりと質問しましょう。

相手の説明がわかりにくいとき

「たとえばどのようなことでしょうか？」「申し訳ありません。〇〇の部分をもう少し詳しく教えていただけますか？」と、どこが不明なのかをしっかりと伝えます。

聞きなおすとき

聞き取れなかったり、理解ができなかったときも「恐れ入ります。もう一度お聞かせいただけますでしょうか」と質問を。「え？」「は？」など失礼な聞き方をしないようにしましょう。

【謝罪をする】

素直に謝る

自分のミスでトラブルを引き起こしたとき、いかに謝罪するかが、ビジネスパーソンとしての真価の見せどころ。「申し訳ございませんでした」とていねいに最敬礼で頭を下げます。

言い訳は✕

「ちゃんと確認したはずなのに」「○○さんが……」などの言い訳は、聞き苦しいもの。しっかり謝罪することで誠意を示し、二度とそのようなことを起こさない姿勢を示しましょう。

最もていねいなお辞儀の最敬礼（45度）で謝罪をします。

謝罪のフレーズ

- 「わたくし（ども）の不注意によって」
- 「わたくし（ども）の不手際で」
- 「申し訳ございません」
- 「申し訳ございませんでした」
- 「大変失礼いたしました」
- 「ご迷惑をおかけして申し訳ございません」
- 「そこまでは考えが及びませんでした」
- 「お恥ずかしいかぎりです」
- 「今後はこのようなことのないよう」
- 「十分、配慮いたします」
- 「以後、気をつけます」

ミスしたときの心がまえ

1. あわてず
2. すぐ上司に報告
3. 謝罪は心を込めて
4. 言い訳や責任転嫁はNG
5. 反省したら切り替えを！

ミスが起きてしまったら、すぐにミスの原因を分析して、その対応を考えることです。

感謝の気持ちの伝え方

やっぱり「ありがとう」

普段、感謝というと「どうも……」と口にしがちですが、せっかくなのでキチンと「ありがとう」「ありがとうございました」と伝えたいものです。

×
「…どうも」
○
「ありがとうございます」

名前をプラス

お礼の言葉に、相手の名前を添えてみましょう。「他の誰でもない、あなたに感謝しているんですよ！」という気持ちがダイレクトに伝わります。

OK
「○○さん、ありがとうございました」

プラス「おかげさま」

お礼の言葉の中に、相手の貢献を感謝するという意味の「〜のおかげで」「おかげさまで」という言葉を入れてみましょう。

○○さんのおかげです！

OK
「これも協力してくださった皆さんのおかげです」

お礼の内容は具体的に

漠然と「このたびはありがとうございました」では、自分の何が感謝されているのかわからなかったり、形式的なお礼だと思われたりするかもしれません。何に感謝しているのかをはっきり示すことは大切です。

OK

「このたびは、お声かけいただきありがとうございます」
「今日はお越しいただきありがとうございます」

基本はお礼をすぐに

感謝の気持ちはなるべくその日のうちに伝えましょう。ただし、相手が忙しそうなときは、日を改めるのもやむをえません。時間があいてしまいそうなら、手紙やメールで謝意を伝えましょう。

肯定的な話し方で

極端な謙遜の言葉は逆に不自然な印象を与えます。肯定的な表現を使って相手を評価しながら、素直に喜びを表現してみましょう。

OK

「○○さんがいてくださって本当に助かりました」

お願いごとをする

ポイントⒶ
「忙しいところ
悪いけど
ポイントⒷ
明日の12時までに
この資料を
まとめて
くれませんか」
「この資料
まとめといて！」

人から頼みごとをされたとき、失礼な言い方ではやる気がなくなるものです。相手が部下であっても、お願いごとをするときはていねいな言葉で、相手の立場に立った立ち居振る舞いをしましょう。

POINT

お願いをするときのコツ

同僚や部下にお願いをするときは、Ⓐ「気遣い」、Ⓑ「具体的な仕事内容や締め切りを伝える」が大切となります。さらに「ありがとう」や「助かります」といったお礼の言葉も忘れずに。

重ねてお願い

お願いをしても、なかなか承諾が得られないこともあります。「そこをなんとかお願いします」や「何とかお助けください」という一言が効果的。

「無理を承知でお願いします」

ときにはおだててお願いも

「○○さんは頼りになるから」など、相手をほめることで、頼みやすくなることもあります。

「○○さんにお願いすると間違いない！」

「ほめて」「頼って」お願いするのも仕事を円滑に進めるコツです。

命令ではなく依頼

命令ではなく「してもらえないかな」「してもらえると助かるんだけど」というように頼むかたちのほうが相手も引き受けやすくなります。

「○○をしてもらえると助かるんだけど……」

命令口調で仕事を依頼するよりも、お願い調で頼むほうがベターです。

【催促する】

依頼している仕事が遅れると
それが、あなたの責任にもなります。
角が立たないよう催促する
ポイントを知りましょう。

「上司のせい」も方便

「上司から急ぐようにいわれているのですが、企画書の進み具合はどうですか？」と主語を置き換えることで、角が立ちづらくなることもあります。

NG せかしても早くはならない！

「まだ？」「いつできる？」など相手をせかすような声かけは、あせらせるだけで逆効果。集中して取り組んでもらうには、「進んでいる？」といったような前向きな声かけが有効です。

POINT 上司や外部の人に催促をするときのポイント

「期日までに仕事を終わらせてもらわないと困る」ことをストレートに伝えましょう。その際に注意したいのは、取引などの関係性を崩さないこと。ていねいな口調で話し、決して相手を責めないことが大事です。「催促してしまい、申し訳ありません」など、フォローの言葉を添えて。

まずはねぎらい

依頼した仕事が遅れていると、焦るあまり、ついストレートに催促の言葉をかけてしまいがちです。しかし、それでは逆効果。あわててしまって、普段しないようなミスがおこりかねません。まずは仕事をしてもらっていることに対して、お礼とねぎらいの言葉をかけてみましょう。

×

できた？
まだ？
とにかく急いで！

忙しいなか大変だけれど、明日には終わりそうかしら？

○

私も状況を把握しておく責任があるから、確認させて

○○部長に急げと言われているので……

さりげなく催促するフレーズ

「そうそう○○の件だけど」
「言い忘れていたかもしれないけど」
「あ、ところで」
「そういえば」

クレームを言う

ビジネスにトラブルは付きものです。
そんなとき、上手に「クレーム」を身に付けて
落ち着いて対応できれば一人前！

感情的にならない

感情的になって怒りをぶつけてしまうと、取引先との関係もギクシャク。ただし、相手に悪いことは悪いときちんと伝えることは大切です。その上で、どうしてほしいのかを提案しましょう。

たとえば、「納品をお願いしたのは○○で、別の商品が届いています。本来のものを本日中にいただきたいのですが」と筋道を立てて話しましょう。

NG
どうしてこんなことになったんですか！！
NG
どういうことですか
まちがってませんか
OK
もしかして、私の勘違いかもしれないのですが……

しつこく繰り返さない

同じことを繰り返し言うと、正しい主張であっても、しつこい印象だけが残って、肝心の内容が伝わりにくくなります。3回言っても伝わらない場合は、自分の言い方が悪い可能性もあります。言い方をかえてみたほうがよいかもしれません。

お願いスタイルで

話している内容そのものはきびしい主張でも、「申し訳ございませんが」「できれば、こうしてもらえると助かります」「ご確認いただけませんか」という言葉をはさむと波風は立ちにくくなります。

NG
5回目ですけど……
申し訳ございませんが……
OK

自分のせいにしてスマートに対応

一方的に相手を責めるのではなく、「こちらの勘違いかもしれませんが……」というように、まずは自分の落ち度かもしれないというスタンスで話を切り出すとスマートです。

意外と知らない書類のマナー

ステープラの留め方

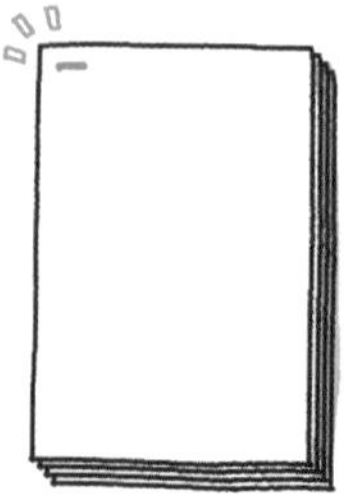

横書きの文書の場合、左上に横向きに留めると見やすくて便利。ただし会社によって留め方が決まっていることもあるので注意。

手紙の折り方

2
1

手紙は、文面を内側にして下 1/3 を折り、続けて上 1/3 を折ります。封筒を開けたときに書き出し部分の裏面が見えるよう、手紙を入れます。

封筒の書き方

表

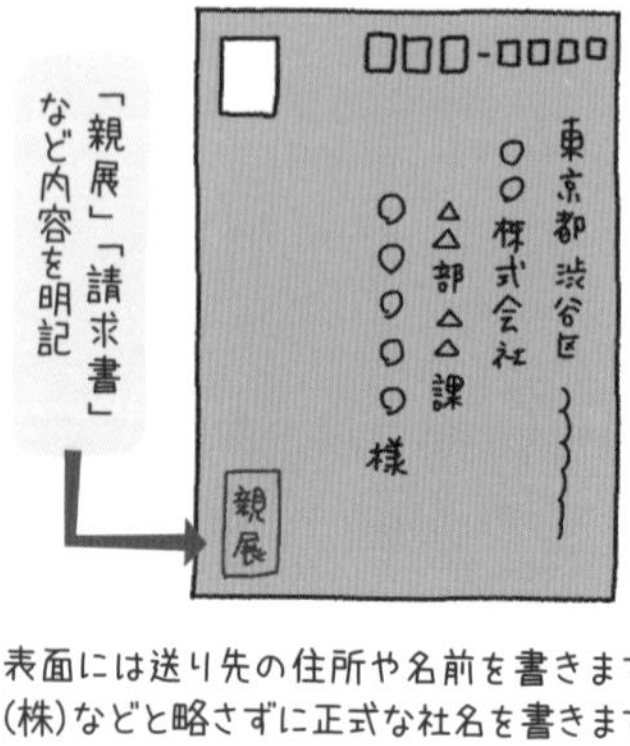
「親展」「請求書」など内容を明記
〇〇〇-〇〇〇〇
東京都渋谷区
〇〇株式会社
△△部△△課
〇〇〇〇〇様
親展

表面には送り先の住所や名前を書きます。(株)などと略さずに正式な社名を書きます。

裏

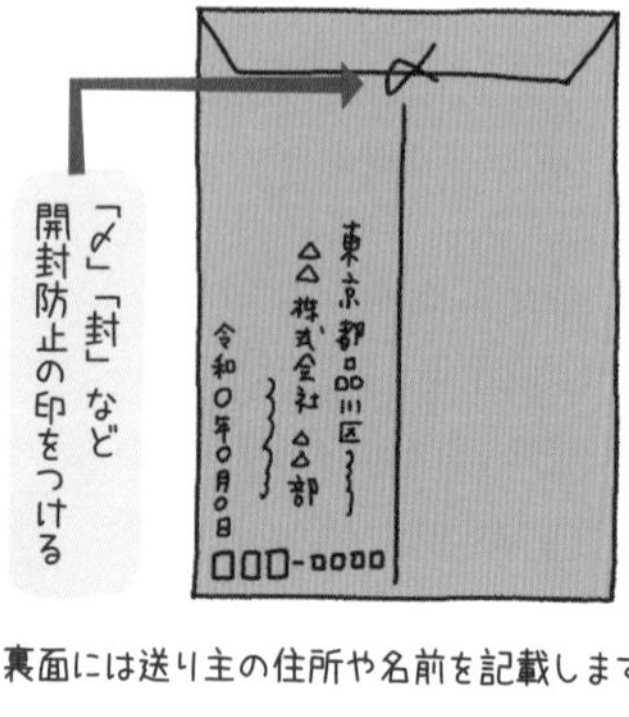
「〆」「封」など開封防止の印をつける
〆
東京都品川区
△△株式会社 △△部
令和〇年〇月〇日
〇〇〇-〇〇〇〇

裏面には送り主の住所や名前を記載します。

ワンランクアップの話し方

ビジネスシーンで
どう話していいか迷ったときは、
コミュニケーションスキルを
磨くチャンス。
起こりうるさまざまなシーンの
対応法を知っておけば、
お互いの信頼関係も深まります。

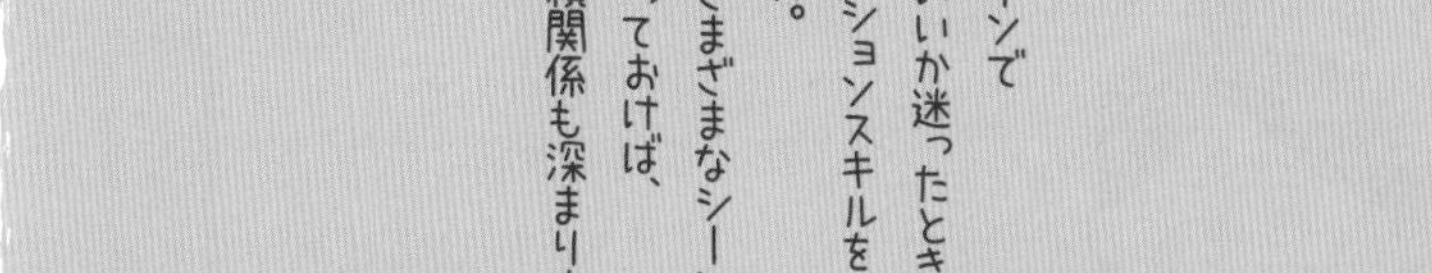

人間関係をよくする会話術

ビジネスシーンでは
人間関係が大切です。
良好な関係を築くことで、
お客様とは仕事が
やりやすくなり、
社内ではチームの結束力を
高めることができます。
人に好かれる
コミュニケーションスキルを
身に付けましょう。

相手のハートをキャッチするには

印象のよい会話をするために3つのポイントをおさえましょう。「ほめる表現」「具体的なポイント」、上司なら「尊敬できる点」を織り交ぜて会話を。

相手のいいところをほめる表現

「課長の細やかなご指摘、本当にありがとうございました」

具体的なポイント

「課長のアイデアで懸案事項の見通しがたちました」

「わたくしも経験を積んで、課長のように細やかな目配りができるようになりたいです」

尊敬できる部分や行動を伝える

NG つれない返事

「はい」「いいえ」だけや、「べつに」「特に…」というようにそっけなく、取りつく島のないような返事では会話は途切れてしまいます。

いいレスポンスなら会話も弾む！

会話は言葉のキャッチボールです。ちょっとしたつぶやきにも、気持ちのいい言葉を返すことで、会話が弾みます。言葉の中から楽しくなりそうなキーワードをさがしましょう。

「いい天気ですね！」
「どこかへ出かけられたんですか？」

POINT

こんな話題で仲良くなろう！

これからおつきあいを深めたい相手には、
ちょっとした話題を活用して距離を縮めましょう。

天気	「今年は暖冬らしいですね」「春めいてきましたね」
出身地	「ご出身はどちらでいらっしゃいますか？」 「わたくしも○○出身なんです」
趣味	「写真がご趣味とうかがっております。どういうお写真をお撮りになるのですか？」 「最近ジョギングを始められたとか…」
流行	「渋谷にできた商業施設には行かれましたか」 「○○の新作映画は、評判がいいようですね」
食	「この駅の近くに新しいパスタの店がオープンしたようですが、もういらっしゃいましたか」 「会社の近くにどこかいい和食のお店をご存じありませんか」

印象のよいあいづち

相手との距離を縮めるためには、話を聞いていると いうことを示す「あいづち」が大切。共感、同調、疑問など さまざまなパターンの あいづちを知って おきましょう。

うなずき

あいづちだけでなくうなずきも重要。ゆっくりと相手に合わせましょう。ただし、うなずき過ぎには注意。

共感

「私もそう思います」
「ごもっともです」
「それは大変でしたね」
「そういうわけでしたか」
「よくわかります」

NGあいづち

- 「なるほど」→上から目線に聞こえる
- 同じ言葉のあいづちを連発！
→真剣に聞いていない印象
- 「はいはい」「そうそう」というように、同じ語を繰り返すあいづち
→せかしている印象
- 話をさえぎるタイミングで あいづちを打つ

同調

「そうですね」「はい」「ええ」

「同感です」

「おっしゃる通りです」

「〇〇ですね」

感嘆

「そうですか！」「それは驚きました」

「すばらしいです」「すごいですね」

「それはぜひ拝見したいです」

「すてきな試みですね」

疑問

「それからどうなったのですか？」

「もっと詳しく教えてください」

「それはどうしてですか」

「それはいつですか？」

「どうしたらそのように
できるのでしょうか？」

印象のよい話し方

ビジネスにおいて待っているだけでは相手は興味を持ってくれません。自分をアピールできる話し方を身に付けることも大切です。以下の5つのポイントを意識しながら話す練習をしてみましょう。

自信を持って話そう！

堂々とした態度は、それだけで好印象。自信を持って話すためには、話の中身をきちんと把握しておくことが大事。ドキドキしたとしても「あわてない」「おろおろしない」ことです。

ゆっくり話すこと

緊張すると、焦って早口になってしまいます。早口だと聞き取りにくいだけでなく、落ち着きのない印象をあたえます。ゆとりを持って、ゆっくり話してこそ、あなた自身をアピールできます。

ハリのある声で！

聞き取りやすいかどうかは声の質にかかっています。元々の声の質よりも発声法が大事。左のポイントを参考にして声を出す練習をしましょう。

視線の行き先は相手！

話すときに、つい目が泳いでいませんか？ 基本は相手を見ることです。目をずっと合わせるのがつらいようなら、相手の肩や首などを見てください。

ボディランゲージを交えて

身振り手振りのジェスチャーを駆使して、視覚でのコミュニケーションを効果的に活用しましょう。ただし、オーバーにならないように。

POINT

ハリのある声を出すには

自分の声を聞いてみる
まず、録音して自分の声を聞いてみましょう。はっきり発音されているか、速さはどうかなど、客観的に評価します。

腹式呼吸
息を鼻から吸って口から吐くのが腹式呼吸。吸ったときにおなかが膨らみ、吐いたときに引っ込むように、おなかに力を入れて発声してみましょう。

口をあけて発声
「アイウエオアオ！　カキクケコカコ！」など、口をしっかり開けて声を出すような、発声の練習をしておきましょう。

ジェスチャーで相手の興味を引くこともできます

ふむふむ
先日の議題で上がった案件ですがわたくしの意見としては

意見を主張するときのポイント

クッション言葉でやわらかく

正面から反論されると受け入れにくいものです。「恐れ入りますが」「ぜひ聞いていただきたいのですが」などクッション言葉をはさみましょう。

「恐れ入りますが」

相手の都合のいい時間と場所で

「○○について、お話ししたいことがあります」とテーマを言った上で「都合のいいお時間と場所をお教えください」と付け加えて、時間と場所を選んでもらいます。

語尾をぼかす

ストレートな物言いだと、反感を買うこともあります。語尾を「だと思いますが」とやわらかく表現することで、それが防げることもあります。

「…という考え方もあると思いますが…」

YES BUTで

反論はどうしても押し付けがましくなりがちです。いったん相手の話を受け入れた上で、こちらの意見を伝えるほうが受け入れやすくなります。「そうですね、でも…」

YES
BUT

NG 言ってはいけない反論ワード

「だから言ったじゃないですか！」

「それって、おかしいですよ」

感情的な言葉はNGです。

相手を立てる

まず、「確かにすばらしいご意見だと思います。一言、わたくしからもよろしいでしょうか」など、相手を立てた上で、自分の主張に続けましょう。

POINT

ときには引くことも大切

自分の意見を主張することは大切ですが、ときには引くことも大切です。返事をしにくいことは、無理に答える必要はありません。「持ち帰りまして改めて」という持ち帰り作戦でもOK。

「では後日に」

提案型でやんわりと

キッパリと言うだけが主張ではありません。「たとえば、こう考えてみるのはいかがでしょうか」というように、提案すると、意外と受け入れてもらえることも多いもの。

「いかがですか？」

相手に歩み寄る

いろいろな意見が出そろったら、その中で、同意できる点を見いだして、適宜取り入れて、主張します。

「〇〇さんのおっしゃるように、商品補充の重要性はわかりますが、スタッフの増員も必要です」
「確かにそのとおりだわ」

お願いを角が立たないように断る

「申し訳ございません
実は……」

まずは謝る

どうしても仕事をうけられないと判断したら、理由を伝えながら、まずは率直に謝ることです。できそうなそぶりで対応したものの、結局できませんというのはNG。

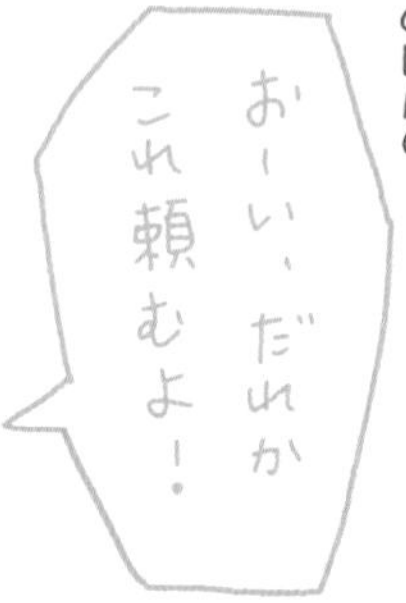
おーい、だれか
これ頼むよ！

「今、仕事が立てこんで
おりまして……」

状況の説明

「ただいま、〇〇の作業をしておりまして、今日いっぱいかかります。それが終わってからでもよろしいでしょうか」と自分ができない事情を説明します。相手が社外の場合は、具体的な事情を明かす必要はありません。

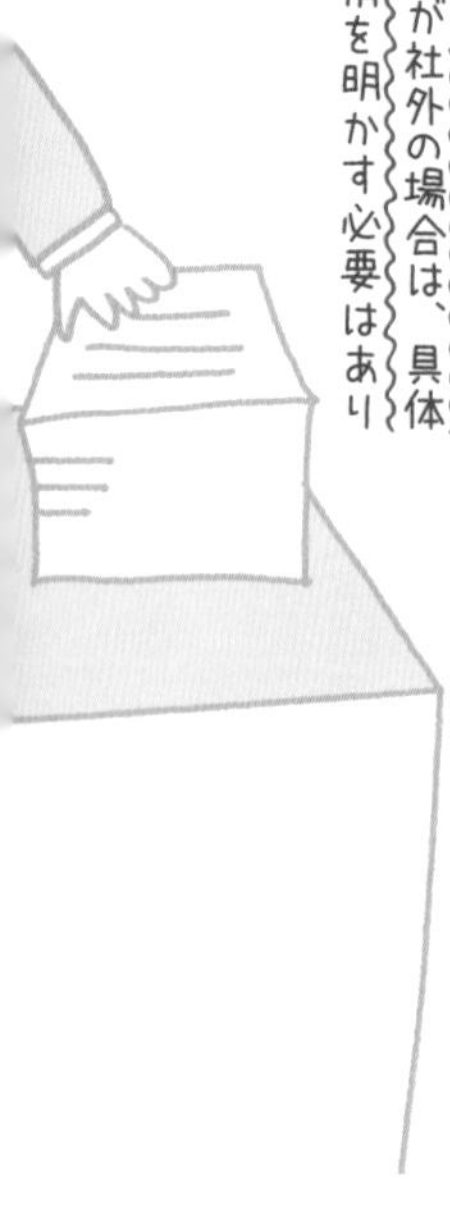

「いかがいたしま
しょうか？」

指示を仰ぐ

断ったからといってそれで終わりではありません。いま取りかかっている仕事を後回しにするのか、依頼者自身が作業するのかなど、どれを選ぶかは相手の判断にまかせます。

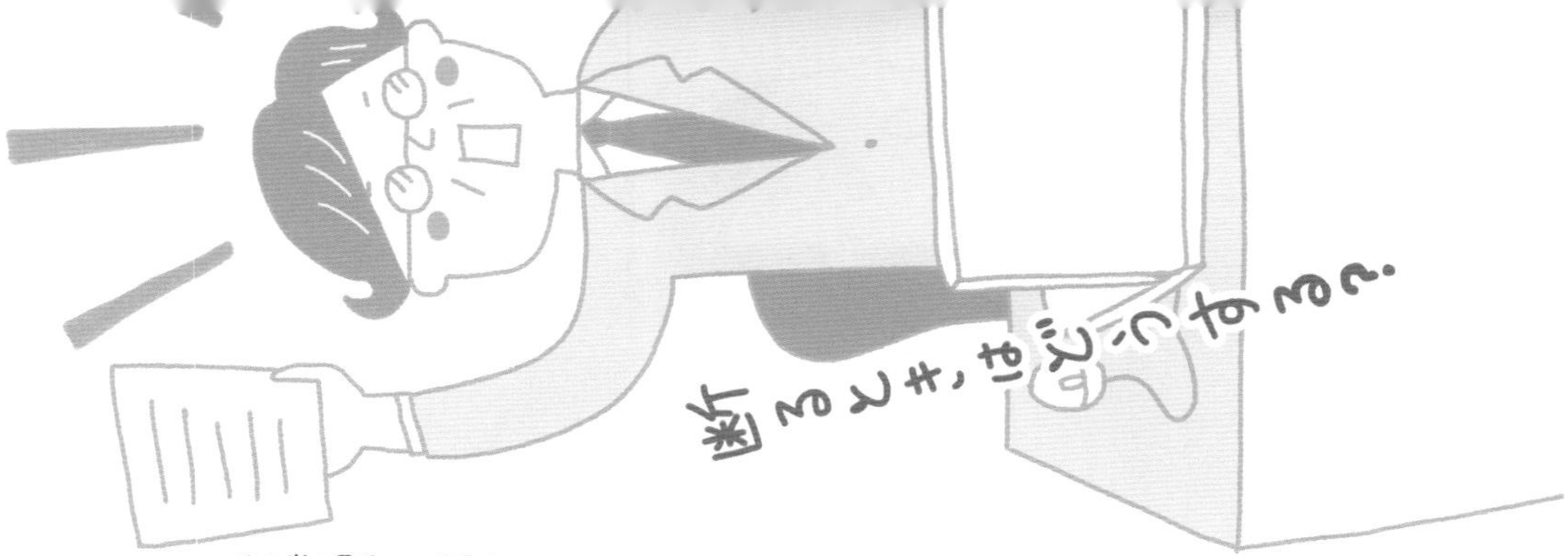

断るときはどうする？

代替案を出す

お願いを断るときは、「〜ということなら」と代替案を出すのが鉄則。相手も「断られた」というイメージがなくなるので、印象が良くなります。

「別の者でしたら
対応可能ですが……」

相手に誠意をつくす

申し訳ないという気持ちを表すため「せっかくこのようなお話をいただいたのですが……」という言葉を入れます。このことで相手はあなたに悪い印象は持たないはず。

「せっかく
お声がけをいただいた
のですが……」

誤解を受けたときの対応

ときには誤解を受けてしまうこともあります。対応を間違えると互いにいがみ合うばかり。話をうまく落ち着かせるテクニックを学びましょう。

まずは謝ってすぐに反論しない

たとえ誤解でも、まずは「申し訳ございません」と謝ります。誤解させてしまった自分にも落ち度があるという姿勢が大事です。相手の怒りがおさまったら、事情を聞いてみましょう。

いきさつを整理する

「一度話を整理してもよろしいですか？　ただいまお話しいただいている件ですが、……ということでよろしいでしょうか？」と誤解の内容、そう思ったいきさつなどを十分聞きましょう。

やんわりと事実を伝える

「恐れ入ります。お話をいただいている件ですが、わたしではなく〇〇さんが担当です。もしよろしければ、詳細をお聞かせいただけますでしょうか」などとやんわりと聞いてみましょう。

後を引かない対応を

誤解がとけたらまずはお礼。そして改めて、誤解を招いたことに対するお詫びをします。その上で、「これからも遠慮なく、気になったことはご指摘ください」としめましょう。

NG 「ただ」という言葉は逆効果

誤解を受けたときに、反論をしたくなるものです。しかし、「申し訳ありません。ただ、その案件を担当していたのはわたくしではありません」という言い方は逆効果。「ただ」は相手の言葉を否定していることになるので、お互いにヒートアップしてしまう可能性があります。

相手に謝られたら

謝られたら「おたがいさま」で！

誤解した件で、相手がお詫びをしてきたら、
快く受け入れましょう。すんなり、わだかまりがとければ、
その後の人間関係もスムーズになるはずです。
「とんでもございません」「わたしも〇〇をしておけば」
「気にしないでください」などのフォローの言葉を。

「ごめんなさい。早とちりだったわ。担当が途中で変わっていたのね」
「とんでもありません。気にしないでください。すぐに報告しておけばよかったわ」

言いにくいこと、どう伝える？

細かなことを指摘する

まとめてもらった書類など、くどくどと細かな指摘をしてしまうと、受け取る側もいい気持ちはしないもの。そんなときは、「気づいたことがあるのですが、よろしいでしょうか…」などと、たまたま気づいたような言い方をすると相手も受け入れやすくなります。

「申し訳ございません
お名前をもう一度おうかがいできますでしょうか？」

名前をど忘れした

ほんとうは、あってはいけないことですが、名前をど忘れすることがあります。言い訳はせずに潔く謝って、名前を聞きましょう。

「先輩はいつもハツラツとしてかっこいいですよね。わたしは26歳ですが、そんなにかわらないんですよね」

女性に年齢を聞く

女性は、誕生日だけならいいのですが、年齢を聞かれるのをあまり喜ばないものです。相手をほめて、自分の年齢を言い、さりげなく話してもらえるようにしましょう。

同僚に対して指摘する

まずは共感を示しましょう。その上で、言いたいことを伝えるのがコツ。

「たしかに○○さんの立場だと仕方がないよね。でも、△△さんの立場に立ってみたら、また違うかもしれないね」
「わたしも失敗してきたけど、そういう態度はお客様から信頼をなくしてしまうよ。〜をすれば、すごく印象アップするよ」

不真面目な部下に対して一言!

自分も失敗の経験がある、ということで相手の心を開き、欠点を指摘し、改善方法を伝えましょう。これが部下育成の基本です。

話しにくい人とのコミュニケーション

ビジネスシーンでは
苦手で話しにくいからといって
避けているわけにもいきません。
ファーストステップは
まず話すこと。
接しているうちに
意外な一面が見えて
苦手意識がなくなるかも。

毎日のあいさつをかかさない

避けていては、距離は縮まりません。「おはようございます」「お先に失礼します」と笑顔であいさつをすることで、お互いの信頼のベースができます。

反応を見ながら話してみる

無口な人に対しては、どう話していいかとまどうものです。無理に相手に話してもらおうとは考えず、天気のことなどを話題にして、反応を見てみましょう。

自分から話しかける

ちょっとした雑談でもいいので、きっかけをつくって話しかけてみましょう。ときには仕事以外の話題をふってみると、普段とは別の顔が見えて親しみがわくかもしれません。

! POINT

苦手な人こそよい部分を見よう

苦手な人ほど、自分にはない長所や能力、価値観を持っていたりします。いいところを中心に見て、勉強だと思って接すれば、自分も成長できるはず。

ほどよい距離を保つ

関係性によってそれぞれ適した距離がありますが、まずはあまり身体を近づけすぎないこと。会社のつきあいなら、1メートルくらいの距離がベスト。

誘いがあれば笑顔でついていく

思い切ってお酒の席や昼食の誘いに乗ってみると、苦手と思っていた人の意外な一面が見られるかもしれません。苦手意識を捨てるチャンスです。

自分のことを素直に話してみる

接点があまりない人であれば、お互いに知らない面が多く、会話は弾みません。話題が見つからないときは、まず「わたしは○○が好きなんです」などと自分のことを話してみましょう。

【コミュニケーションの悩みを解決】

上司・先輩に飲み会に誘われたが断りたい

飲み会に誘われたとき、仕事の一部と考えて、積極的に参加しましょう。しかしさまざまな都合で、角を立てずに断る必要があることもあります。そんなときは、誘っていただいたことにお礼を言い、理由をより具体的に伝えるとよいでしょう。

【解決の一言】

「申し訳ありません。とても残念ですが、今日は以前からの約束がありますので、また次の機会にぜひ誘っていただけますか？」

緊張して言いたいことが言えない

慣れないうちは、話す前に紙に伝えたいことをまとめておきましょう。結論や理由、話す順番などを具体的に整理することで、いざというときの緊張をやわらげることができます。

同僚と衝突してしまう

まず、同僚の言い分をよく聞きましょう。こちらの思い違いがあるかもしれません。また、言いたいことがあれば、同僚の言い分に対して、クッション言葉を使いながら、やんわりと伝えます。

二人の上司の板挟み

上司間のいさかいには、できればまきこまれたくないもの。気をつけたいのは、指示された仕事はやっても、どちらかを中傷するような言葉に同調しないこと。

【解決の一言】
「そのことについては
わたくしにはわかりかねます」

クライアントが無茶な要求をしてくる

無茶のレベルにもよりますが、まずは、その要求には対応できない旨をていねいに、でもきっぱりと話しましょう。それでも無理なら上司に相談しましょう。

【解決の一言】
「申し訳ありません、それは
できかねますのでなんとかご容
赦いただけませんでしょうか」

同僚に敬語は必要？

敬度の高い敬語は不要ですが、ていねいな言葉遣いは必須です。同僚といっても先輩には当然、敬語を使いましょう。

長話をうまく切り上げたい

急ぎの用がある場合「申し訳ございません、○時から会議で（急ぎの仕事が）」などと、話の区切りのいいところで伝えます。クッション言葉も忘れずに。ただし、基本的に上司の話は最後まで聞きましょう。「真面目な部下だ」と評価が上がることも。

監修者 **尾形圭子**（おがた けいこ）

株式会社ヒューマンディスカバリー・インターナショナル代表取締役。航空会社、大手書店での勤務を経て、OJTや人材育成のノウハウの知識と技術を身につける。現在は、業種を問わずさまざまな企業で、接遇・電話対応などのビジネスマナー講師、人材育成コンサルティング業務を務める。雑誌・書籍の執筆をはじめ、テレビやラジオ出演など活動は多岐にわたる。著書に『イラッとされないビジネスマナー社会常識の正解』（サンクチュアリ出版）、『一生使える電話のマナー』（大和出版）他多数。

イラスト　小林 晃、高村あゆみ
デザイン・DTP　根本綾子、スタジオダンク
校正　エディット
編集協力　前田明子（オフィスマカロニ）

※本書は、当社刊『電話応対&敬語・話し方のビジネスマナー』（2013年5月発行）を再編集し、書名・価格等を変更したものです。

新版《しんぱん》 電話《でんわ》応対《おうたい》&敬語《けいご》・話《はな》し方《かた》の
ビジネスマナー

監修者　尾形圭子
発行者　若松和紀
発行所　株式会社 西東社
〒113-0034　東京都文京区湯島2-3-13
https://www.seitosha.co.jp/
電話　03-5800-3120（代）

※本書に記載のない内容のご質問や著者等の連絡先につきましては、お答えできかねます。

ISBN 978-4-7916-2892-6